Wolfgang Marschall

Manchmal lacht sogar der rote Hahn

**Geschichten aus dem Leben
eines Feuerwehrmannes**

INHALTSVERZEICHNIS

Vorwort

Mit dem Begriff „Feuerwehr" verbindet die Bevölkerung eine schnelle und sachkundige Hilfe in allen Lebenslagen. Ihre Aufgabe beschränkt sich nicht nur auf die Bekämpfung oder Verhütung von Bränden. In jeder Notlage, wie zum Beipiel bei Verkehrsunfällen, oder Katastrophen wie Überschwemmungen ist die Feuerwehr immer hilfreich zur Stelle.

Der Autor war selbst Jahrzehnte Angehöriger der Berufsfeuerwehrwehr. Jetzt im Ruhestand erwachte das Interesse für die Feuerwehrhistorie. Bereits vor vielen Jahren begann er mit dem Sammeln von Anekdoten und heiteren Begebenheiten rund um die Feuerwehr.

Mich hat ja keiner gefragt

Es war wieder ein Sonntag. Wunderbares Wetter herrschte. Das nutzten die Feuerwehrbeamten um die Bereitschaftszeit auf dem Hof der Feuerwache zu verbringen. Der Sonnenschein und die angenehme Temperatur minderten die herrschende Langeweile ein wenig. So saßen die Kollegen am Nachmittag gut gelaunt nebeneinander auf der großen Holzbank die an der Gebäuderückwand zum Hof stand und redeten viel. Das Gesprächsthema war wie immer gleich. Jeder wollte, besonders die Älteren, gern eine selbst erlebte Feuerwehrgeschichte erzählen. Alles sind kleine Episoden aus längst vergangener Zeit. Im allgemeinen sind es lustige Ereignisse, die wohl mal so oder ähnlich geschehen sind, obwohl man manchmal an ihrer Wahrheit zweifeln konnte. Phantastisch klangen sie jedoch alle.

Hermann, der älteste Kollege im Kreis, der so gut erzählen kann, beginnt gerade wieder und er beteuert dabei immer fest, dass alles wirklich mal so gewesen ist, genau so wie ich es euch jetzt erzähle. „Also es war zu der Zeit als die Feuerwachen noch keine Rundsprechanlage für Durchsagen hatten und die Einsatzkräfte dadurch über Messingglocken, die überall im Wachgebäude und auf dem Hof angebracht waren, alarmiert wurden. Auch die Einsatzfahrzeuge fuhren noch ohne Funk, beginnt Hermann langsam.

Es ist wieder die Geschichte die sie eigentlich alle schon kennen und die sie schon oft von ihm gehört haben. Trotzdem hören sie ihm wieder gern zu, er kann doch so gut erzählen. Angezweifelt wird sie nicht, man glaubt sie ihm einfach.

„Ich kannte den alten Wilhelm sogar noch", beginnt Hermann immer. „Als ich noch ein ganz junger Feuerwehrmann war habe ich mit Wilhelm eine kurze Zeit hier auf dieser Wache noch Dienst gemacht". „Er war ja damals schon recht alt und stand kurz vor seiner Pensionierung". „Ich erinnere mich gern an ihn, er war wirklich ein echtes Unikum, der Wilhelm Dierks".

„Auch damals saßen wir, wie heute, bei gutem Wetter oft zusammen und manchmal, wenn er gut gelaunt war und wenn man ihn bat, erzählte Wilhelm diese unglaubliche Geschichte.

Also Kollegen, so begann Wilhelm dann immer, es war so Mitte der 1950iger Jahre, zu dieser Zeit waren Ortskenntnisse noch ganz besonders wichtig für uns Feuerwehrleute. Straßenschulung gehörte deshalb noch zum täglichen Unterricht. Die Einsatzfahrten waren nämlich ohne Straßenkenntnisse besonders schwierig, beinahe unmöglich. Noch kurz vor dem Verlassen der Wache wurde vom Fahrzeugführer sofort die Besatzung befragt ob jemand die Straße des Einsatzortes genau kenne. Ein Nachfragen bei der Einsatzleitzentrale, so wie es heute kein Problem ist, war ja damals überhaupt nicht möglich. Die Einsatzfahrzeuge fuhren doch noch ohne Feuerwehrfunk. Mit dieser Technik wurden die Fahrzeuge erst viele Jahre später ausgerüstet. Bei einer Straßenunsicherheit half nur ein Nachschlagen in der Bremer Straßenkarte. Manchmal, wenn es gerade passte, konnte man auch bei der Einsatzleitzentrale über einen Standfeuermelder nachfragen. Diese wohl 1,50 Meter hohen, roten Melder standen damals alle 300 bis 400m am Straßenrand. Sie waren auch für die Bevölkerung gedacht um einen Notfall über den Knopf der sich hinter einer Glasscheibe befand, zu melden. Per Telefonhörer war es für die Einsatzkräfte aber möglich über diese Standfeuermelder Kontakt mit der Zentrale aufzunehmen.

„Also, die eigentliche Geschichte, erzählte Wilhelm immer, spielte sich so Ende November ab.

In der Zentrale auf der Hauptfeuerwache 1 am Wandrahm war an diesem Tag ein Notruf eingelaufen: „Hier ist Friedmann, aus dem Nelkenweg", meldete sich eine aufgeregte männliche Stimme. „Ich benötige dringend Hilfe, kommen sie schnell, mit meinem Ölofen im Wohnzimmer ist etwas nicht in Ordnung. Er qualmt ganz fürchterlich". Der Zentrallist überlegte nicht lange, denn er wusste dass der Nelkenweg zum Ausrückebezirk der Feuerwache 4 gehört. Sofort benachrichtigte er über Telefon den Zentrallisten Willi, der dort in der kleinen Zentrale seinen Dienst verrichtete. „Willi, schicke mal schnell dein Löschfahrzeug in den Nelkenweg, in das Kleingartengebiet am Flughafendamm zu Friedmann, da soll es Probleme mit einem Ölofen geben".

Willi drückt sofort den Knopf für den Glockenschlag 22, es ist das Zeichen für das LF und schreibt gleichzeitig auf einen kleinen Zettel den Einsatzort und Namen, Nelkenweg und Friedmann.

Dem Fahrzeugführer des Löschfahrzeugs, der in die kleine Zentrale gelaufen kam, reichte er diesen als Gedankenstütze. Sofort meldete Willi der Hauptzentrale über Telefon dass das LF 4 die Wache verlassen habe und dass sie mit Alarm fahren.

Schnell erreichte das Einsatzfahrzeug das Kleingartengebiet, der Weg dorthin war ja nicht sehr weit, vielleicht nur 3 bis 4 Kilometer, nur der Nelkenweg war nicht zu finden. Fahrer und Fahrzeugführer waren total verzweifelt.

Sie fuhren ohne Pause aber offensichtlich immer nur im Kreis, erzählt Hermann.

Still lauschten die Kollegen, obwohl sie die Geschichte ja schon oft von ihm gehört hatten. „Ja, und was passierte dann, fragt schließlich der Jüngste auf der Bank, der die Geschichte noch nicht kannte". „Ja, also es war so. Die Einsatzkräfte fanden also den Einsatzort nicht. Kreuz und quer fuhren sie durch die schmalen Wege des Kleingartengebietes, sie konnten den Nelkenweg aber nicht finden". Nachfragen auf Feuerwache 1 über Standfeuermelder war ja nicht möglich, den gab es dort im Kleingartengebiet nicht.

Die Besatzung des Fahrzeugs saß indes ganz still und ruhig und wartete offensichtlich ab.

Plötzlich kam dem Fahrzeugführer aber die rettende Idee. Er drehte sich zu seinen Leuten um und fragte den jüngsten Kollegen: „Mensch Emil, da fällt mir doch gerade ein, dass du hier im Kleingartengebiet wohnst, weißt du denn nicht wo der Nelkenweg ist"?

Und was glaubt ihr hat er völlig ruhig geantwortet: „Natürlich kenne ich den Weg, ich weiß auch wo er ist, aber mich hat ja keiner gefragt".

Feuer auf der Feuerwache

Die Wachbesatzung saß an diesem sonnigen Sonntagnachmittag fast komplett wieder auf dem Hof um Wilhelm herum. Sie sind ganz still, warten. Erwartungsvoll hoffen sie, dass Wilhelm ihnen eine neue Geschichte erzählt. Sie wissen ja, es könnte heute vielleicht das letzte mal ist, dass sie ihm zuhören können, denn Wilhelm steht kurz vor seiner Pensionierung. Und so sind sie alle ganz still und warten ruhig. Oft haben sie hier schon gesessen und Wilhelm zugehört. Er weiß ja so viel aus längst vergangener Feuerwehrzeit zu erzählen. Die meisten Geschichten allerdings kannten sie natürlich und haben sie in den vergangenen Jahren schon oft gehört, trotzdem sie freuen sich immer wieder darauf. Manchmal erzählt er nämlich überraschend auch eine neue, unbekannte Geschichte und so ein Tag war heute.

Es macht ihm offensichtlich richtig viel Spaß zu erzählen, besonders wenn er darum gebeten wird: „Wilhelm erzähl doch noch einmal von früher". Sie wollten alles hören und im Gedächtnis behalten, denn wenn Wilhelm nicht mehr im Dienst ist sind die Geschichten bestimmt verloren. Heute war ein richtigen Glückstag für die Kollegen, denn für alle überraschend fiel ihm tatsächlich noch eine neue, unbekannte, eine unglaubliche Geschichte ein, eine die keiner bisher gehört hatte. Langsam begann Wilhelm zu erzählen. Also Kollegen, es war gleich nach dem zweiten Weltkrieg. Es war im eiskalten Winter 1946/47.

Bremen war ja ganz schlimm durch Bomben zerstört, überall lagen nur noch Trümmer wo man auch hinsah.
Die Menschen froren und suchten nach Brennbarem für ihre Unterkunft. Doch in den Trümmern fanden sie nichts mehr.
Auch die Feuerwehr litt unter der starken Kälte. Der Kokskeller war schon seit einiger Zeit fast leer. Koks war nicht mehr im Handel und der Heizkessel der Feuerwache lief dadurch nur noch auf Sparflamme. Es war so eiskalt auf der Wache und der Wachabteilungsleiter hatte große Sorge, dass die Pumpen und Tanks der Löschfahrzeuge einfrieren könnten. Wir müssen unbedingt heizen, ordnete er an. Doch Brennmaterial war nicht mehr zu bekommen. Er

überlegte nicht lange und so gab er schließlich die Anweisung die alten Feuerwehrschläuche aus dem Lager zu holen um sie zu verheizen. Aber das reichte natürlich nicht aus um auch den oberen Bereich des Wachgebäudes warm zu halten. Die Kollegen hatten große Sorgen, sie hatten Angst in der Nacht zu frieren, erzählt Wilhelm. Aber, erzählt er weiter, da war ja noch der junge Kollege Georg. Er war ein ganz besonders pfiffiger Feuerwehrmann und erst kurze Zeit auf Wache. Ohne lange zu überlegen kam er nämlich auf eine tolle Idee. Ich werde mein Bett mit einem heißen Stein warm halten, dachte er. Heimlich suchte er im Hofbereich in dem großen Schutthaufen nach einem Ziegelstein und legte diesen dann in den Ofen um ihn so zu erhitzen.

Er wartete nicht lange. Ungeduldig und unbemerkt beförderte er den glühend heißen Stein, mit einer Schaufel, schließlich in seinen Ruheraum. Schnell musste es gehen, der Stein sollte ja nicht abkühlen.

Schon stand er vor seinem Bett. Geschwind hob er die Steppdecke hoch und schwupps, schon lag der glühende Stein darunter. Das wird bestimmt mollig warm werden für die Nacht, dachte er.

„Was glaubt ihr, Kollegen, fragt Wilhelm geheimnisvoll und schaut jeden dabei an, was nun passiert. Ich erzähle es euch".

Vielleicht nach zwei Stunden wollte Georg jetzt nach dem Stein sehen und ob auch das Bett schön warm geworden ist. Ohne sich Gedanken zu machen öffnete er die Tür des Ruheraumes. Schwer geschockt stand er für einen Moment ganz still. Dicker, beißender Qualm quoll ihm nämlich entgegen. Er erschrak fürchterlich, er wusste das kann nur mein Bett sein. Aufgeregt suchte er nach seiner Steppdecke. Er konnte sie im Qualm nicht finden. Panisch lief er aus dem Zimmer, zurück auf den Flur des Wachgebäudes. Gellend laut schrie er verzweifelt: „Feuer, Feuer auf der Wache, es brennt im Ruheraum 2". „Hilfe, schnell, kommt und holt Wasser, mein Bett brennt", rief er den ersten Kollegen, die schon auf dem Flur angerannt kamen, entgegen. Es ist ein Schwelbrand entstanden, Kollegen. Schnell griffen die zur Hilfe kommenden Feuerwehrleute nach jedem Gefäß das gerade zu erreichen war. Sie wollten doch löschen, helfen, retten. Vorsichtig, jeder mit einem mit Wasser gefüllten Becher in der Hand, standen sie orientierungslos im Zimmer und sahen nichts durch den starken Rauch. Schließlich fasste Georg sich ein Herz und ging zu seinem Bett. Vorsichtig hob er die Steppdecke hoch. In diesem Moment, angefacht durch die Sauerstoffzufuhr, zündete der Schwelbrand richtig durch. Nun brannte es lichterloh.

Jetzt handelten die gestandenen Feuerwehrbeamten. Beherzt und ohne Panik warfen sie die Steppdecke, das gute Stück, einfach aus dem inzwischen geöffneten Fenster auf den Hof.

Der Rest der Steppdecke war nun nicht mehr zu retten.

Ich kann baden wo ich will

Die Bevölkerung, hier im Dorf an der Wümme, kennt diese jährliche Situation. Die Bürger haben sich daran gewöhnt und im Laufe der Zeit gelernt mit der großen Überschwemmung umzugehen. Es läuft ja Jahr für Jahr fast immer gleich ab.
Auch im Frühling 1962 ist die Borgfelder Landstraße, beginnend nach der Wümmebrücke bis zum Großen Moordamm für den Fahrzeugverkehr jeglicher Art wegen der Überflutung durch Hochwasser gesperrt. Wie jedes Jahr ist sie dann unpassierbar und die Bremer Behörde hat einem eventuellen Unheil vorsorgend, Baken vor der Wümmebrücke als Absperrung aufgestellt. Sie sollen verhindern, dass Menschen unbedacht oder versehentlich die Straße benutzen und so eventuell zu Schaden kommen können.

Aber immer wieder umgehen natürlich besonders Mutige oder auch Gedankenlose die warnende Absperrung und befahren die überflutete Straße mit ihren Fahrrädern, radeln durch das Wasser und bekommen prompt nasse Füße. Für die ortsansässige Kinderschar ist das ein willkommenes, vergnügliches Schauspiel. Begeisternd jubelnd und laut klatschend stehen sie dann auf der Wümmebrücke, am Rand des Hochwassers und warteten auf den nassen Unfall.

Der Borgfelder Arnold Budden, ist zu dieser Zeit schon ein Herr im fortgeschrittenen Rentenalter. Er lebt schon von Geburt an hier im Dorf und kennt natürlich auch das jährliche Schauspiel. Durch seine ehemalige Tätigkeit als Hauptmann der Freiwilligen Feuerwehr Borgfeld in den 1920iger Jahren war er auch im Dorf eine allseits bekannte Persönlichkeit.

Seit dem Tod seiner Frau lebt er nun allein. Es ist ihm schon manchmal langweilig aber durch seine große Leidenschaft, das Fischen, überwindet er oft seinen Kummer. Das Fischen hilft ihm gut den Tag zu bewältigen. Organisiert ist er im Angelverein der Truper Blänkenfischer in Lilienthal. Zeitweise führte er im Verein sogar den Vorsitz. Wenn die Fische gut gebissen haben, heizt er immer seinen aus einem Ölfass selbst gebastelten Räucherofen im Garten an. Wenn dann dichter Rauch über sein Grundstück zieht ist es für die Nachbarn ein untrügliches Zeichen, Arnold hat wieder Glück beim Fischen gehabt.

Auch heute hat er wieder eine Fahrt in die Truper Blänken nach Lilienthal geplant. Eigentlich wollte er ja schon unterwegs sein, zum Fischen.

Den drei Liter-Tank seines Fahrrades mit Hilfsmotor der Marke REX, im Volksmund auch liebevoll „REX am Riemen" genannt, hatte er deshalb schon aus einem Reservekanister randvoll befüllt. Das ist genügend Kraftstoff für die wohl 5 Kilometer Fahrstrecke. Ohne das Fahrrad mit dem vorn unter dem Lenkrad angebautem Hilfsmotor, das durch einen Keilriemen angetrieben wurde, ist er jetzt hilflos, es gehört zu seinem täglichen Leben unbedingt dazu.

Ungeduldig sitzt er wieder auf der Rundbank mitten in seinem Haus, neben der direkt aus dem Boden kommenden kupfernen Schwengel Pumpe, die ihm sein tägliches Trinkwasser liefert. Er wartet heute wieder auf Gerd, den Sohn des hiesigen Kolonialwarenhändler Ernst Baginski. Gerd bringt ihm nämlich immer den wöchentlichen Bedarf an Lebensmittel.

Arnold Budden ist nun reisefertig. Er freut sich, obwohl es ihm durchaus bekannt ist, dass seine tägliche Anfangswegstrecke in die Blänken zur Zeit gesperrt ist. Aber das ist kein besonderes Problem, kein großes Hindernis für ihn. Oft hat er schon die behördliche Straßensperrung ignoriert und verbotener Weise diesen etwas kürzeren Weg durch das meist kniehohe Wasser genommen. Es ist ja immer gut gegangen. Sein REX am Riemen nahm diese nasse Hürde ohne Klagen. Dieses Jahr allerdings ist die Situation etwas anders. Die Überflutung der Straße ist zur Zeit viel höher und steht teilweise bis zum Ortsrand.

Natürlich hatte Budden das nicht übersehen. Trotzdem, ohne zu überlegen umkurvt er in flottem Tempo die Warnbaken und überquert die Wümmebrücke. Bergab erhöht er immer die Fahrtgeschwindigkeit, um mit Schwung die 150 Meter Wegstrecke durch das Wasser zu schaffen. So auch an diesem Tag. Doch schon nach wenigen Metern geschieht das Unheil. Der kleine Rex-Motor ist den viel zu hohen, spritzenden Wassermassen nicht gewachsen, der Keilriemen rutscht durch und verweigert spontan seinen Dienst. Ganz langsam, beinahe in Zeitlupe, kommt sein Gefährt zum Stillstand. Arnold Budden verliert dadurch sofort sein Gleichgewicht und fällt in ganzer Körperlänge zur Seite. Schnell versinkt er mit seinem Rad in den schmutzig grauen, kalten Fluten. Auf den Knien hockend, wild mit den Armen rudernd und verzweifelt Halt suchend klammert Budden sich schließlich an sein Rex am Riemen. Ein völlig geschockter Borg-felder Bürger der diesen Vorfall zufällig beobachtet hatte läuft sofort aufgeregt zu einem der nahen Wohn-häuser und ruft dem ihm bekannten Nachbarn zu, „schnell Hinni, du hast doch ein Telefon". Ich muss sofort die Feuerwehr anrufen. Ein älterer Mann ist nämlich gerade ins Wasser gefallen und kann allein nicht wieder aufstehen. Über Notruf 112 meldet er der Bremer Feuerwehr, dass ein Mensch sich im Wasser an der Wümme befindet der zu ertrinken drohe. Jetzt läuft die Maschinerie der Retter auf Hochtouren. „Hilflose Person im Wasser" lautet die Meldung für die Einsatzkräfte der Feuerwache 2. Das LF 2 rückt sofort mit dem Rettungsboot nach Borgfeld aus. Gleichzeitig wurden auch die freiwilligen Helfer im Dorf alarmiert. Für sie war die Anfahrt natürlich recht kurz, wohl nur 200 Meter. Schon während der Alarmfahrt vom Gerätehaus am Littweg zur Wümme bereitet der Borgfelder Wehrführer Hermann Behrens seine Kameraden mit klaren Anweisungen auf den schwierigen Einsatz der Wasserrettung vor. Zwei

Kameraden schlüpften umgehend in hüfthohe Gummistiefel und halten Leinen und Stangen als Rettungsgerät bereit. Nach nur wenigen Minuten treffen sie an der Unglücksstelle ein. Aufgeregt springen die Retter noch vor der Wümmebrücke vom Fahrzeug und suchen von dort nach beiden Seiten den Fluss ab. Aber sie sehen nichts, die ertrinkende Person in der Wümme ist nicht zu sehen. Inzwischen ist auch das LF 2 mit dem Rettungsboot eingetroffen. Die beiden Einsatzleiter beraten sich kurz und drehen sich im Kreis. Plötzlich sieht der Borgfelder Wehrführer Behrens den immer noch im Wasser knieenden, total durchnässten und jämmerlich frierenden alten Mann. Natürlich erkannte er ihn sofort, zeigte es aber nicht. Sein Gesichtsausdruck veränderte sich zusehends. Seine Körperhaltung wurde in diesem Moment amtlich. „Das wird für sie nicht billig mein Herr, diese Hilfeleistung müssen sie bezahlen, sie haben sich verkehrswidrig verhalten und dadurch ist der Einsatz für sie kostenpflichtig," verärgert ruft der Wehrführer es dem ihm auch aus der Entfernung natürlich nicht Unbekannten zu.

Arnold Budden machte sich nun ebenfalls gerade. Zorn steigt in ihm auf. Er ist genervt und versteht den großen Aufstand nicht der wegen ihm gemacht wird. Heiß ist sein Kopf, die Kälte ist verflogen. Zornig ruft er dem ihm wohlbekannten Brandschützer zu: „Haut endlich wieder ab Hermann, ich habe euch nicht gerufen und das kann ich dir sagen, Arnold Budden kann baden wo und wann er will."

Einfach nur gut zugeredet

Eigentlich üben sie an jedem Dienstag vormittags auf dem Hof der Feuerwache mit den Pumpen. Heute aber ist es anders. Eine Fahrzeugbesatzung ist mit einem älteren Löschfahrzeug mit Vorbaupumpe am späten Nachmittag zu einer Übung außerhalb des Wachgeländes unterwegs. Sie wollen zum Kuhgrabenweg um dort übungsmäßig Wasser aus dem Graben zu fördern.

Überrascht sieht die Besatzung auf der Fahrt dorthin einen Bauern auf seiner Weide stehen. Er stand ganz still, bewegungslos, den Oberkörper etwas nach vorn gebeugt, er sah seltsam und traurig aus. Als sie näher heran kamen erkannten sie die Ursache. Er schaute immer nur auf sein Pferd, das bewegungslos vor ihm auf der Weide lag.

Heinz halte doch bitte mal an, ich möchte mal nachfragen ob wir vielleicht helfen müssen, sagte der Fahrzeugführer zu seinem Fahrer.

Ihm ist aus jahrelanger Erfahrung bekannt, dass es durchaus schon mal vorkommt, dass ein Pferd in eine Notlage gerät. Meistens war es dann gestürzt und konnte nicht wieder allein aufstehen.

Freundlich spricht der Wehrführer nun den Bauern an und fragt was denn passiert sei und ob er vielleicht Hilfe benötige.

Ich weiß nicht ob ihr helfen könnt, ich bin ganz verzweifelt, jammert der Bauer. Schon eine dreiviertel Stunde bewegt sich mein Pferd nicht mehr.

Immer wieder habe ich versucht das Tier auf zurichten. Ich habe mit ihm geredet, habe es gestreichelt, wirklich ich habe alles versucht, aber es war ergebnislos.

Auch den Tierarzt habe ich schon angerufen und ihm den Notfall erzählt. Er konnte mir aber am Telefon auch nicht helfen. Er behauptete sogar, dass das Tier wohl bereits tot sei.

Jetzt wurden die Feuerwehrbeamten aktiv. Einige kommen ja aus landwirtschaftlichen Familien und ihnen ist bekannt, dass Pferde durchaus, wenn sie auf der Seite und Hals und Kopf auf der Erde liegen einen Tiefschlaf eine REM Phase haben können.

Der junge Feuerwehrmann Heiko, der ein Nachbarsohn vom Blockländer Bauern ist und sich mit Pferden deshalb auch gut auskennt, kniet schon neben dem Pferd. Vorsichtig beugte er sich über das Tier. Er beobachtete es ganz genau und sieht dabei sofort, das das Pferd in kurzen Abständen mit den Augen zuckt.

Jetzt wusste er Bescheid, ihm war sofort alles klar. Unbemerkt von den Anwesenden, beugt sich Heiko nun ganz tief über das Pferd und pustet mit aller Kraft dem Tier mehrmals hintereinander kräftig ins Ohr. Erschrocken bäumte sich das Pferd auf und steht überraschend wieder auf seinen Beinen.

Allgemeines Erstaunen herrscht spontan in der Runde, nicht nur bei dem Pferdebesitzer, nein auch bei seinen Feuerwehr-Kollegen. Der Bauer war überwältigt, er konnte es nicht begreifen. „Sag mal, Heiko, wie hast du das denn gemacht, fragt er seinen jungen Nachbarn."

Trocken gibt der Feuerwehrmann zur Antwort:

„Es war doch ganz einfach. Ich habe den Gaul bloß gefragt, ob er denn nun nicht langsam wieder aufstehen will, sonst müsse er hier wohl verhungern."

Und zu dem Bauern gewandt sagt er nur kurz, „ hast du das noch nicht getan"?

„Diese Methode ist doch allgemein bekannt. Eigentlich müsstet du sie doch als Pferdehalter kennen".

Noch auf der Rückfahrt zur Wache bewunderten die Feuerwehrmänner ihren Kollegen Heiko und redeten pausenlos nur über dieses Ereignis. Begreifen konnten sie es nicht.

Das ist ja Wildverbiss

Zu der Zeit so um 1968 hatten es die Feuerwehr-
beamten wirklich noch schwer. Jeden zweiten Tag,
waren sie im Dienst, immer 24 Stunden. Das war eine
lange, oft nervige Arbeitszeit auf der Wache. Zum
Personal der Feuerwache 4 gehörte damals auch
Georg Lindemann, den alle aber nur Schorse nannten.
Er ist nicht mehr der Jüngste und schon viele Jahre im
Dienst.
Obwohl Schorse von Natur aus einen eher ruhigen
Charakter hat, gehen ihm seine Kollegen trotzdem
nach Möglichkeit aus dem Weg. Er ist nämlich als
Witzbold bekannt und gefürchtet. Immer ist er auf der
Suche nach einem Schabernackopfer. Niemand konnte
vor ihm sicher sein.
Meistens sah man ihn allerdings erst am Abend auf
der Wache, denn er war tagsüber als Fahrlehrer von
seinem Dienstherrn eingesetzt. Beinahe jeden Tag ist
er deshalb mit dem Fahrschulwagen, einem aus-
rangiertem, umgebauten alten Löschfahrzeug, in der
Stadt schulmäßig unterwegs. Gern lässt er dann den
Fahrschüler durch besonders enge Straßen fahren,
manchmal auch rückwärts. Nicht aus Bösartigkeit,
falsch wer so etwas von ihm denkt. Nein, diese
Übungen seien für den jungen Fahranfänger sehr
wichtig, sagt Schorse immer verschmitzt. Er müsse
halt das üben was im Ernstfall durchaus auf ihn

zukommen kann.

Manchmal aber verlässt er auch die nervige Stadt, dann fährt er mit dem Fahrschüler über Land, ins Niedersächsische.

Auch heute, an diesem schönen, sonnigen Mainachmittag, ist er wieder im Umland mit dem alten, roten Magirus Deutz LF16 TS, unterwegs. Ganz allein sind sie auf der Landstraße. Schüler und Lehrer plaudern freundlich miteinander, als Schorse plötzlich seinem Fahrschüler die Anweisung gibt: „fahr mal eben rechts rann und halte". Irritiert und ein wenig verängstigt bremst der junge Mann. Kaum dass das Auto zum Stillstand gekommen ist, springt Schorse schon aus diesem heraus und läuft einige Meter die Straße zurück. Nur schemenhaft hatte er das bewegungslose Tier am Straßenrand wahrgenommen.

Vorsichtig, und durchaus ein wenig ängstlich nähert er sich dem unbekannten rotbraunen Fell.

Doch jetzt, als er davor steht, erkennt er es deutlich. Es ist ein toter Fuchs. Lange liegt der wohl noch nicht hier, sind seine Überlegungen, vielleicht wurde er erst vor kurzem totgefahren. Kurz entschlossen ergreift Schorse das Tier und trägt es zum Fahrschulwagen. Im hinteren Innenraum deponiert er den leblosen Körper. Den nehmen wir mit, sagte er nur kurz zu Heinz, seinem Fahrschüler.

Inzwischen hatte für die Beamten auf der Feuerwache die Bereitschaftszeit begonnen. Einige machten Sport auf dem gepflasterten Hof, spielten Faustball, andere nutzten die Holzbänke am Rand des Gebäudes, schauten den Sporttreibenden zu oder genossen einfach nur die abendliche Maisonne. Einer jedoch, der Oberfeuerwehrmann Werner, der früher einmal Steinmetz war, ist kein Sportler und so auch nicht an großer Bewegung interessiert. Meistens steht er abseits und kümmert sich um sein Auto. Beinahe in jeder freie Minute pflegt er das Fahrzeug. Es ist ja ganz normal, dass er dadurch oft Opfer von Hänseleien wird.

Auch heute putzt er wieder intensiv den kleinen vier hunderter Lloyd.

Der gute Zustand seines Autos ist für ihn nämlich äußerst wichtig. Er benötigt es unbedingt für die Fahrten zwischen seinem Wohnhaus im Norden der Stadt und seiner Dienststelle. Ja, er ist auf den kleinen Pkw sehr angewiesen. Öffentliche Verkehrsmittel für diesen weiten Weg gibt es kaum, sie zu nutzen ist fast unmöglich, findet er.

Und so streichelt er auch an diesem Tag wieder liebevoll das Fahrzeug. Er putzt und putzt, hat beide Türen, Kofferraum und auch die Motorhaube weit geöffnet.

Gerade in diesem Moment fährt das alte LF 16-TS, der Fahrschulwagen, auf den Hof der Feuerwache. Schüler und Lehrer springen heraus und gesellen sich lachend zu ihren Kollegen.

Es ist inzwischen schon spät geworden und die Feuerwehrleute verlassen nach und nach den Hof. Sie gehen, als wäre es abgesprochen, in den Aufenthaltsraum der Feuerwache, in die erste Etage. Auch Werner ist dabei. Die Türen seines Autos stehen noch weit offen, ich werde sie später schließen, wenn alles abgetrocknet ist, erzählt er treuherzig.

Die Nacht ist ruhig gewesen. Schwatzend stehen die Kollegen am Morgen zusammen und warten auf ihre Ablösung, auf die Kollegen der neuen Wachbesatzung.

Werner gehört heute zu den Glücklichen. Denn seine persönliche Ablösung ist schon früh erschienen. Schnell hat er sich umgezogen und ist, an nichts Böses denkend, bereits auf dem Weg zu seinem Auto. Schon sitzt er hinter dem Steuer des kleinen Lloyd. Routiniert dreht er den Zündschlüssel nach rechts, alles geht, wie immer, ja automatisch. Aber, und was ist das, der Motor springt nicht an. Irritiert und ein wenig hilflos versucht Werner immer wieder zu starten, ohne Erfolg, der kleine Motor verweigert den Dienst.

Werner ist total irritiert aber er ist ja pfiffig. „Ich werde einfach Schorse um Hilfe bitten," denkt er im Stillen, „der ist ja mal Autoschlosser gewesen und wird die Ursache sicherlich schnell finden. Er wird mir bestimmt helfen"! Schon ist er wieder auf dem Weg in die obere Etage der Feuerwache.

Natürlich hatten die anwesenden Kollegen bereits von seinem Missgeschick erfahren und sind alle auf den Hof gegangen. Kreisförmig stehen sie beinahe komplett um das kleine Auto herum, diskutieren und geben kluge Ratschläge. Auch Schorse ist inzwischen auf dem Hof eingetroffen und öffnet hilfsbereit und fachmännisch, mit nur einem Griff, die Motorhaube. Kaum hat er den freien Blick auf das Antriebsaggregat als er mit entsetztem Gesichtsausdruck seinem Kollegen zuruft: „Mensch, Werner, nun guck dir das mal an". „Das ist ja Wildverbiss". „Hier liegt ja ein toter Fuchs auf dem Motorblock". „Der hat bestimmt das Zündkabel durchgebissen und dabei einen tödlichen Stromschlag erlitten".

Ganz still und regungslos steht Werner, immer wieder schaut er auf den toten Fuchs, er konnte es nicht begreifen.

Heute passt Renate auf

Flankiert durch einen beidseitig wohl 3 Meter hohen Maschendrahtzaun führt Anfang der 1980iger Jahre der Weg zum Vereinsheim des Fußballvereins Bremen 1860. Recht weit war der Weg vom Parkplatz Am Osterdeich bis zu den Sportplätzen des Vereins zu laufen. Wirklich es ist eine weite Strecke. Sicherlich haben sich viele darüber schon geärgert. Vielleicht war es ja ein Sportfreund, der über Nacht eine Lösung geschaffen hat. Es ist nämlich ein mannshohes Loch im Maschendraht am Parkplatz gleich neben den ersten Sportplätzen entstanden. Jetzt kann man dort bequem durch-schlüpfen und erspart sich so den weiten Umweg. Das ist doch praktisch.

Wer das Loch kannte nutzte dieses natürlich als willkommene Abkürzung und das in beide Richtungen. Heute hat die dritte Mannschaft der Bremer Berufsfeuerwehr dort wieder ein Firmenfußball-Punktspiel. Natürlich wissen die Männer, dass sie nicht die besten Kicker sind, aber darauf kommt es ihnen auch gar nicht an, sie haben einfach Spaß am Fußball. Sie freuen sich immer auf diesen Tag. So war es auch an diesem späten Montag Nachmittag. Um ihren Sport ausüben zu können hatten sie sich schon vor Jahren diesem Fußballverein als Betriebssportmannschaft angeschlossen. In den Sommermonaten war natürlich für sie immer ein Nebenplatz auf dem Vereinsgelände reserviert und gekreidet. Gern spielen sie auf dem weit vom Vereinsheim entfernten Rasenplatz allerdings nicht, doch es gibt keine andere Möglichkeit. Inzwischen macht es ihnen aber auch nichts mehr aus, sie haben sich damit abgefunden. Oft genug wurden nämlich ihre Beschwerden über den so weit entfernten Nebenplatz vom Platzwart einfach damit abgeschmettert, dass untere Mannschaften stets auf einem Nebenplatz zu spielen hätten. Der Hauptplatz, direkt am Vereinsheim, so sagte er immer, sei nur für die besseren Mannschaften vorgesehen. Aber daran dachten sie schon lange nicht mehr als sie den Umkleidekabinen zustrebten.

Auf das an der Eingangstür zu den Umkleide-Kabinen angeheftete große Hinweisschild: „Bitte achten Sie auf ihre Wertsachen", beachtet schon keiner mehr von ihnen, sie haben es schon zu oft gesehen und nahmen es deshalb nach so vielen Jahren gar nicht mehr war und außerdem betraf sie das überhaupt nicht, sind sie der Meinung. Denn sie sind ja vorsichtig. Akkurat wie sie halt als Beamte sind sammeln sie immer ihre Wertgegenstände gemeinsam ein und legen sie in eine, speziell für diesen Zweck, mitgebrachte Aktentasche. So kann nichts passieren, da waren sie sich sicher. Schon auf dem Weg zum Spielfeld ist es dann immer die Aufgabe des Torwarts auf diese Tasche verantwortlich zu achten.

So bewacht er nicht nur das Fußballtor sondern auch die hinter ihm im Tor liegende Wertsachentasche vor gefährlichen Angriffen.

Heute jedoch ist er von dieser Pflicht befreit. Er braucht sich darum nicht zu kümmern und kann sich ganz auf das kommende Punktspiel konzentrieren. Denn Heinz, der Libero und Mannschaftskapitän, den alle aber nur Heinzi nennen, erklärte noch in der Umkleidekabine dass seine Frau Renate heute als Zuschauerin dabei ist und sie wolle auf die Wertsachen gewissenhaft aufpassen. „Du kannst dich ganz auf meine Frau verlassen und ihr die Tasche übergeben", sagte

Heinz noch in der Kabine zu seinem Torhüter, „sie wird die ganze Zeit während des Spiels am Spielfeld stehen und sie nicht aus der Hand legen".

Der Schiedsrichter hat das Spiel bereits angepfiffen. Ganz allein und ein wenig gelangweilt, steht Renate nun am Spielfeldrand, die alte Ledertasche mit den zirka 400,00 DM Kollegengeld, ihren Uhren, den Personal- und Dienstausweisen und anderen Wertsachen fest in der Hand haltend und schaut dem, für sie nicht so aufregenden Fußballspiel zu.

Wann er gekommen ist und woher konnte sie später nicht mehr sagen. Plötzlich sei er da gewesen und stand neben ihr, der junge fremde Mann. Sie hätten lange am Spielfeldrand nebeneinander gestanden, ohne ein Wort zu wechseln. Irgendwann habe er sie dann angesprochen und erklärt, dass er ein Kollege der Spieler sei und nur mal sehen wolle wie gut sie wohl Fußballspielen könnten. Sie hätten sich freundlich unterhalten und dadurch habe sich schnell eine vertrauensvolle Atmosphäre zwischen den Beiden entwickelt.

Fest unterm Arm hielt Renate die Aktentasche als sie urplötzlich ein akutes menschliches Bedürfnis drückte. Zwiespältig waren ihre Gedanken, soll ich die Tasche zur Toilette mitnehmen, oder versuchen bis zum Spielende durchzuhalten. Der Fremde bemerkte wohl die

Unruhe der jungen Frau und bot ihr spontan seine Hilfe an. Es ist doch überhaupt kein Problem, versicherte er freundlich, ich kann doch für einen kurzen Moment auf die Tasche achten. Ich schaue mir das Spiel doch so wie so bis zum Schluss an. „Das ist aber nett von ihnen", Renate war glücklich, „aber passen sie bitte gut auf sie auf es ist nämlich die Wertsachentasche".

Die Mannschaften spielten noch als die junge Frau nach wohl 10 Minuten zum Spielfeld zurück-kehrte. In entstehender Panik sucht sie schon aus der Entfernung den netten jungen Mann. Geschockt lief es ihr heiß den Rücken herunter. Sie sah ihn nicht mehr. Wo ist denn der Fremde, der angebliche Kollege und wo ist die Tasche? Verzweiflung baute sich immer schneller bei ihr auf. Zu keinem klaren Gedanken mehr fähig steht sie hilflos und allein am Rand des Spielfeldes. Total verunsichert schaut sie immer wieder in die Runde, sucht den Fremden. Und dann sah sie es plötzlich wieder, das große Loch im Zaun. Der Weg dorthin war nur kurz.

Das Spiel war inzwischen schon einige Zeit zu Ende und die Männer standen unter der Dusche. Langsam traut sich Renate jetzt zum Vereinsheim. Total verwirrt steht sie vor der großen hölzernen Eingangtür. Tränen rinnen über ihr Gesicht. Immer wieder fällt ihr, durch die Tränen unklarer Blick, auf das große Schild an der Tür: „Bitte achten Sie auf ihre Wertsachen". Sie ist verzweifelt, wie soll sie es erklären.

Als ein Bediensteter der Bundesbahn im Bremer Hauptbahnhof bei einer turnusmäßigen Kontrolle feststellte, dass das Schließfach 462 über 72 Stunden nicht benutzt und geöffnet wurde, nahm er eine Zwangsöffnung vor. Er fand darin eine alte lederne Aktentasche. Der Inhalt waren viele leere

Geldbörsen aber auch einige amtliche Ausweise. Aus diesem Grund übergab seine Dienststelle die Tasche schließlich dem Bremer Fundbüro.

Das ist ja ein Öler

Toni war noch jung und erst ein Jahr im Dienst bei der Bremer Berufsfeuerwehr.

Die Feuerwache 4 war seine Dienststelle. Das kam ihm sehr entgegen, denn der Weg von seiner Wohnung bis zur Wache ist nicht sehr weit, vielleicht nur 3 Kilometer. Meistens benutzt er für diesen Weg sein Fahrrad aber manchmal auch die Vespa, seinen Motorroller. Ein Auto besaß er ja noch nicht.

Doch das sollte sich schon bald ändern. Während einer Fahrzeuginspektion seiner Vespa bei einem ortsansässigen FIAT-Händler in der Kornstraße, der auch Vespa-Vertragshändler war, stand er gelangweilt auf dem Werkstatthof herum. Er wartete auf die Beendigung der Arbeiten. Zufällig fiel dabei sein Blick auf einen gebrauchten weißen Fiat Neckar, der vor der Werkstatt stand.

Generalüberholt sei das gute Stück, versicherte ihm der Chef persönlich, der sein Interesse wohl beobachtet hatte und ihn natürlich sofort ansprach. Es ist ein wirklich gutes Auto. Möchtest du vielleicht mal eine Probefahrt machen? Walter war total verunsichert, damit hatte er nicht gerechnet. Er wollte doch nur seine Vespa abholen.

Es ging dann aber alles ganz schnell. Inzwischen ist er stolzer Besitzer des FIAT.

Es war an einem Sonntag. An diesem Tag fuhr er zum

ersten mal mit seinem neuen Besitz zum Dienst. Er wusste, dass die Beamten am Wochenende mit ihren Privatautos auf den Hof der Feuerwache fahren und dort parken dürfen. Werktags ist das nicht erlaubt, dann müssen sie ihre Fahrzeuge vor der Wache auf dem öffentlichen Parkplatz abstellen. Doch heute möchte er ausgiebig die Bereitschaftszeit nutzen um sein neues Fahrzeug richtig kennen zu lernen und auch ein wenig zu pflegen. Doch dazu kam er gar nicht.

Schnell standen nämlich alle Kollegen um das Auto herum. Neugierig besahen sie es von allen Seiten und gaben ihm, manchmal durchaus auch gutgemeinte, für ihn aber nervige Ratschläge. Einige kritisierten auch vorsichtig ein wenig. Sollte es Neid sein?
Er war ja erst ein paar Monate auf der Wache und dadurch kannte er natürlich seine Kollegen noch nicht so genau. Konnte sie deshalb auch nicht so

richtig einschätzen. Besonders mit Georg Leinemann, den hier alle nur Schorse nennen, hat er noch kein Wort geredet. Auch die Kollegen verhielten sich still, sprachen kein Wort über Schorse. Was Toni aber zu diesem Zeitpunkt nicht besonders auffiel. Nach einiger Zeit hatte er jedoch den Verdacht, dass die Kollegen ganz bewusst nichts über Schorse erzählten. Sie kannten ihn doch und wussten was passieren wird und hofften sicherlich auf eine kommende Gaudi. Sie hatten wohl schon oft seine ganz besondere Charaktereigenschaft erlebt. Schorse war nämlich als unberechenbarer, manchmal auch hinterhältiger Witzbold bei seinen Kollegen bekannt und gefürchtet. Er machte sich gern auf Kosten anderer lustig und wartet ständig auf eine neue Gelegenheit.

Toni konnte es nicht wissen, dass er ihn schon als nächstes Opfer ausgesucht hat.

An diesem Sonntag also, es herrschte allerbestes Wetter, verbrachten die meisten Feuerwehrkollegen ihre Bereitschaftszeit auf dem Hof der Wache. Einige betrieben ein wenig Sport oder saßen nur auf der Holzbank die vor dem Schlauchturm stand und schauten in die Sonne. Auch Schorse saß bei ihnen, ganz still und schweigsam. Seine Gedankenspiele sah man ihm nicht an. Eigentlich sah es aus als würde er dösen.

So gegen 16 Uhr war der Hof dann plötzlich leer, die Feuerwehrkollegen sind alle in den Tagesraum ge-gangen. Sie wollen sich das Fußballspiel der

Deutschen Nationalmannschaft im Fernsehen an-
schauen. Keiner achtete darauf, dass Schorse nicht im
Tagesraum war. Natürlich ist es Toni auch nicht
aufgefallen. Er hatte sich doch, als leidenschaftlicher
Fußballer, nur auf das Fußballspiel konzentriert und
nur in eine Richtung, auf den Fernseher, geschaut.
Gerade hat der Schiedsrichter zur Halbzeitpause
gepfiffen als Schorse den Tagesraum betritt und direkt
auf Toni zugeht und ihn anspricht: „Du Toni, ich
komme gerade vom Hof und habe mir mal dein neues
Auto angeschaut". „Es sieht ja oberflächlich richtig
gut aus aber, ich habe es mir auch mal etwas näher
von allen Seiten und von unten angeschaut". „Und
dabei ist mir etwas ganz Furchtbares aufgefallen".
„Weißt du, als ich unter das Auto geschaut habe ist
mir sofort der große Ölfleck, genau unter dem
Motorblock, aufgefallen. Dein Auto ist ja ein Öler.
Das ist ein ganz schlimmes Zeichen und deutet auf
einen schweren Motorschaden hin"!
„Weißt du, das sieht nicht gut aus". „Du solltest das
Auto dem Händler gleich Morgen zurückbringen und
dein Geld zurück verlangen".
„Wenn du möchtest können wir ja mal gemeinsam auf
den Hof gehen, dann zeige ich dir den riesigen
Ölfleck". Kurze Zeit später stand die gesamte
Wachbesatzung um den FIAT herum. Neugierig
bückten sich einige, schauten unter das Fahrzeug. Es
sah so aus als hätten sie großes Interesse. Das sie nur
lauerten und auf die Reaktion ihres jungen Kollegen

warteten, ist ihm erst viel später bewusst geworden.
Immer wieder zeigte Schorse auf harmlose Fehler am
Auto. Bis er Toni aufforderte doch mal unter das Auto
zu schauen. „Siehst du dort den großen Ölfleck".
Natürlich sah er den riesigen Ölfleck, der genau unter
dem Motor war, sofort. Ein furchtbarer Schreck
lähmte ihn spontan. Er konnte kein Wort mehr sagen.
Das ihn die Kollegen von der Seite beobachteten,
bemerkte er aber nicht. Zu aufgeregt war er.
Es war inzwischen Abend geworden. Die Kollegen
saßen alle im Tagesraum, nur Toni nicht. Er konnte es
nicht, er grübelte und musste allein sein, auf andere
Gedanken kommen. Still saß er in dem kleinen
angrenzenden Nebenraum. Er war total fassungslos,
konnte sich noch nicht beruhigen. Immer heftiger
stieg in ihm Verärgerung und Wut über den
Autohändler auf, den er ja und auch seinen Sohn
Klaus, seit einigen Jahren schon gut kannte. Anfangs
glaubte er es nicht. Dann aber war er sich sicher. Der
hat mich richtig betrogen. Ich bringe ihm morgen das
Auto zurück.

In diesem Moment kommt der junge Kollege
Hermann, der schon drei Jahre auf der Wache ist, leise
in den Raum. „Toni, wenn du willst kannst du ja mit
mir nochmal auf den Hof gehen, dann kann ich dir
dort etwas ganz Interessantes zeigen".
„Weil du ja erst kurze Zeit auf Wache bist kennst du
natürlich unseren Kollegen Schorse noch nicht. Du

musst wissen, dass er mit Vorsicht zu beachten ist".

„Schau mal dort zu unserer Tankstelle. Hinter den beiden Zapfsäulen für Kraftstoff, ist doch eine Tür. Du musst wissen, dass hinter der Tür ein großes Fass mit Motorenöl steht. Wahrscheinlich weißt du noch nicht, dass nur der den Schlüssel für die Tür hat der für diesen Tag als Tankwart eingeteilt ist. Und an diesem Sonntag ist Schorse Tankwart. Es ist für ihn also kein Problem in den Innenraum zu gehen und einiges Öl zu zapfen. Und das hat er heute am späten Nachmittag, als wir alle im Tagesraum beim Fußball waren auch getan. Und was glaubst du hat er damit gemacht, er hat das Öl unter dein Auto gegossen, genau unter den Motorblock".

Toni ist total verwirrt aber ganz langsam dämmert ihm jetzt der Vorgang und die hinterhältige Geschichte des Ölers klärt sich auf.

Danke Hermann, du hast mir sehr geholfen.

Eine plötzliche Fahrradpanne

In den 1970iger Jahren gab es im Bremer Ortsteil Oberneuland in der Apfelallee noch die Lungenklinik Holdheim, den Selbstbedienungsladen Brema und den Fahrradmechanikermeister Fritz Hornburg.

Für die zwei befreundeten, älteren Damen die dort ganz in der Nähe leben, sind es seit Jahrzehnten bekannte Unternehmen.

Ihre Fahrten zum Friedhof, zu den Gräbern ihrer Ehemänner, haben sie einst bekannt gemacht und inzwischen freundschaftlich verbunden. Oft treffen sie sich jetzt, meistens nachmittags, um kleinere Radtouren in die nähere Umgebung zu unternehmen. Ausgiebig nutzen sie diese Möglichkeit als Balsam, für Körper und Seele. Außerdem fahren sie besonders gern mit ihren schönen neuen Leichtlaufrädern die sie beim Fahrradhändler Hornburg gekauft haben. Heute allerdings, sind sie in ganz besonderer Mission auf der Apfelallee unterwegs.

Unabhängig voneinander hatten sie nämlich die Anzeige von „Brema" in der Tageszeitung gelesen. Nur heute, Stiefmütterchen, kistenweise im Angebot.

Die beiden Frauen überlegen nicht lange, sie sind sich einig und telefonieren nur ganz kurz miteinander.

Das ist wirklich passend und kommt gerade recht-zeitig. Diese Gelegenheit wollen wir unbedingt für unsere Männer nutzen. Denn der Winter war lang gewesen und hatte ihre Gräber unansehnlich werden lassen. Eine optische Auffrischung, jetzt im Frühling, ist wirklich dringend nötig. Gut gelaunt sind sie nun gemeinsam auf dem Weg zum Selbstbedienungsladen „Brema".

Schwer tragend, jede mit einer Blumenkiste vor dem Bauch, kommen sie schließlich pustend aus dem Marktgebäude. Sie gehen langsam, überqueren den kleinen Parkplatz und stehen schließlich vor ihren Rädern. Natürlich hatten sie klug vorgesorgt und einige Meter Bindfaden mitgebracht. Sorgfältig schnüren und umwickeln sie, bis das Holzgebinde mit den Stiefmütterchen unverrückbar auf dem Gepäckträger befestigt ist. Der Weg zum Friedhof ist schließlich weit und es sollte nichts verrutschen, es sollte alles gut gehen.

Doch der Schock kam schon gleich nach dem Aufsteigen. Das Rad der einen Dame streikte nämlich, es lies sich keinen Zentimeter mehr vom Fleck bewegen.

„Oh, wie furchtbar Else, jetzt ist mein Fahrrad plötzlich kaputt gegangen, das Hinterrad ist total blockiert, es lässt sich nicht mehr bewegen", klagte sie. „Was für eine Tragödie, es rollte doch eben noch so gut". „Gerade jetzt, was für ein Pech, was soll ich nur machen". total verunsichert erhoffte sie von ihrer Begleiterin Hilfe. Die beiden Damen beratschlagten allerdings nur kurz, sie waren ja pfiffig, und kamen mit den Unannehmlichkeiten des täglichen Lebens bestens zu recht. Wenige Momente nur lähmte sie die Schock-starre. Dann hatten sie die Lösung ihres Problems schnell gefunden und ihre Ängste verflogen, sie dachten nur noch an Fritz Hornburg. Ja, sie waren sich einig, der hat den fachmännischen Blick, er wird helfen können. Durch dieses Gedankenspiel löste sich sogleich ein dicker Brocken in ihnen, sie fühlten sich wieder leicht, irgendwie befreit von dieser furchtbaren Angst. Zuversichtlich, beinahe gut gelaunt, verließen sie den Parkplatz am Selbstbedienungsladen. Sie wussten doch, Hilfe ist ganz in der Nähe.Beinahe zur gleichen Zeit hat die Besatzung des KW 2, eines Krankenwagens der Berufswehr Bremen in Holdheim, der Klinik für Lungenkrankheiten, ihren Einsatz beendet. Abfahrbereit sitzen die beiden Beamten in dem Fahrzeug. Der Fahrzeugführer Toni meldet sich über Funk bei der Einsatzleitzentrale wieder einsatzbereit. Kurz nur war die Anweisung von dort: „einrücken". Langsam verlässt der Kranken-wagen das parkähnliche Anwesen in der Apfelallee.

Plötzlich sagt Toni zu seinem Kollegen: „Weißt du was, Bruno, mir fällt gerade ein, dass am Ende der Apfelallee, gleich hinter der Kreuzung, ein Fahrradmechaniker seinen Laden hat. Lass uns dort doch mal kurz auf den Hof fahren ich könnte mir für mein Rad einen neuen Schlauch kaufen gehen."
Die beiden jungen Kollegen Bruno und Toni sind gut gelaunt und unterhalten sich viel während der Fahrt miteinander, auch heute ist es so als Toni plötzlich zu seinem Kollegen sagt: „Bruno, sieh mal dort vorn die Frau vor uns, die mit ihrem Fahrrad und der Blumenkiste auf dem Gepäckträger, sie muss das

Hinterrad immer hochheben, sie kann wohl nicht mehr damit fahren. Das Rad scheint offensichtlich defekt zu sein. Die Frau quält sich ja fürchterlich".
Dann sind sie schon an den Damen vorbei.
Langsam rollt der Krankenwagen auf den Hof des Mechanikers. Toni steigt aus und ist schon auf dem Weg zum Mechaniker Fritz Hornburg, der dort gerade

mit einem Kunden auf dem Hof steht und ein Gespräch führt. Toni möchte nicht stören und hält deshalb noch etwas Abstand. Ein wenig schaut er sich auf dem Hof um und sieht in diesem Moment wie die beiden Damen mit dem defekten Rad auf den Werkstatthof kommen. Sie benötigen offensichtlich die Hilfe des Meisters. Die eine steuert direkt auf Fritz Hornburg zu. Der Mechaniker hat sie bereits bemerkt und sieht wie die ihm wohlbekannte Dame schwer leidend das Hinterrad mit dem rechten Arm hochhebend und mit der linken steuernd auf ihn zukommt. Immer wieder bleibt sie kurz stehen und legt eine kurze Erholungspause ein. Sie quält sich bestimmt furchtbar, denkt Fritz Hornburg. Total erschöpft und außer Atem, steht sie nun auf dem Werkstatthof des Mechanikers. Sie kann nicht mehr. Sie muss sich einen Moment erholen und setzt sich kurz auf eine Bank.

„Fritz, du musst mir helfen", schwer atmend und aufgeregt klagt die schwer Geschädigte. „Wir kommen gerade von Brema und haben dort doch nur Blumen gekauft. Ich verstehe es nicht. Bis zur Brema, lief das Rad doch noch so gut, wie immer, leicht und ohne Probleme". „Es ist einfach vom Stehen auf dem Parkplatz kaputt gegangen". Total aufgelöst redet sie auf Hornburg ein, sie ist offensichtlich mit ihrer Kraft am Ende. Staunend hören die beiden Feuerwehrleute aus einiger Entfernung zu.

Der Meister beugt sich nur kurz über das Rad. Er erkennt wohl schnell die tragische Ursache. Beruhigend und einfühlsam sind schließlich seine Worte: "Mache dir man keine Sorgen, der Blockierschaden ist nicht so tragisch, das krieg ich schnell wieder hin. Ich hole nur

mal eben passendes Werkzeug, ich bin gleich wieder zurück". Wenig später tritt Meister Hornburg wieder durch die Tür seiner Werkstatt ins Freie. In seiner rechten Hand blitzt das vom Sonnenschein ange-strahlte Werkzeug, eine Schere. Zwei – drei Schnitte und der Bindfaden löst sich vom Rad und dem Blumengebinde.

„So, jetzt kannst du wieder problemlos fahren Meta, das Hinterrad ist wieder frei".
„Hier hast du noch eine neue Schnur, binde nun

nochmals deine Blumenkiste wieder fest aber diesmal nur am Gepäckhalter."

„Danke, Fritz", kleinlaut verabschiedet sich die Dame. Die beiden jungen Feuerwehrbeamten, Bruno und Toni, kamen auf der Rückfahrt zu ihrer Wache aus dem Lachen nicht mehr heraus. Nein, so eine Geschichte haben sie noch nie erlebt.

Jede Wache hat ihren Theo

Seit 1967 gehören bei der Berufsfeuerwehr Bremen die Begriffe „typisch Theo", und „jede Wache hat ihren Theo" umgangssprachlich zum Täglichen dazu.

Inzwischen sind aber schon Jahrzehnte vergangen und die damaligen Akteure sind sicherlich schon in Pension.

Entstanden ist der Begriff für ein übertriebenes, großspuriges Erzählen bei dem man sich sehr wichtig tut. Aber auch wenn einem Kollegen etwas Dummes oder Tollpatschiges passierte, wurde dieses mit den Worten „typisch Theo" oder „jede Wache hat halt ihren Theo" sofort damit beurteilt. Es war ein geläufiges Wort damals bei den Kollegen auf den Feuerwachen, obwohl sie vielleicht den Ursprung dieser Redewendung überhaupt nicht kennen. Pate und Namensgeber war nämlich damals der junge Kollege Theo.

Als Theo im Mai 1967 seine Grundausbildung auf der Feuerwache 1 erfolgreich beendet hatte war er glücklich. Endlich bin ich Feuerwehrmann. Er war ja gerade erst 21 Jahre alt als er seinen erster Arbeitstag hatte. Früh morgens verabschiedet er sich in der Kornstraße von seiner Frau und macht sich auf den Weg zur Feuerwache 4.

Natürlich war Theo als Neuer bereits angemeldet und die Kollegen warteten schon auf ihn. Sie wollen ihn begrüßen und begutachten. Die komplette Wachbesatzung stand auf dem Hof der Feuerwache.

Es ist doch ganz normal dass ein Neuer sofort von den Kollegen neugierig und ausgiebig über sein bisheriges Leben ausgefragt wird. Sie wollen alles wissen. Wie alt er denn sei. Wo er wohnt, ob er verheiratet ist und auch schon Kinder hat und was er für einen Beruf erlernt habe.

Mitten auf dem Hof der Feuerwache standen sie im Kreis zusammen und in ihrer Mitte eingeengt, Theo. Aber das machte ihm nichts aus, er hatte keine Probleme damit. Er wusste, dass er gut erzählen konnte und so wurde es ganz still als Theo schließlich zu reden anfing

„Also ich bin mit 15 Jahren aus der Schule gekommen und habe dann Tischler gelernt. Für eine lange Zeit habe ich anschließend noch in der Tischlerei in diesem Beruf gearbeitet". „Später bin ich dann nach England gegangen und habe dort auf einem Frachter angeheuert. Mehrere Reisen bin ich zur See gefahren. Als ich schließlich wieder an Land war und abge-heuert hatte, lebte ich auf der Nordseeinsel Baltrum. Dort war ich mehrere Jahre als Bademeister tätig. Treuherzig klangen seine Worte.

Fassungslos still und wortlos hörten die Kollegen ihm zu. Sie kamen aus dem Staunen nicht heraus. Nein, das kann doch gar nicht sein. Sie konnten es wirklich nicht glauben. Im Stillen rechnete jeder nach. In welcher Zeit hat er das denn wohl alles gemacht, das ist doch gar nicht möglich, tuschelten sie. Er ist doch erst 21 Jahre alt. Schnell sprach sich die wundersame Zeitgeschichte Theos bei den Kollegen herum. Diese Erzählung sollte sofort sein Markenzeichen werden. Es war der Start des neuen Begriffes. Wenn nun ein Kollege in Zukunft zu sehr prahlte und sich zu sehr mit Leistung hervor tat oder auch durch eine Fehlleistung auffiel, reagierten die Kollegen spontan: „typisch Theo".

Oft schwärmte Theo auch von seiner Frau und lobte sie immer wieder. Alle Kollegen sollten es wissen und an seinem Glück teilhaben. Beinahe täglich erzählt er im Dienst: „Ihr glaubt es nicht, sie ist so lieb und sorgt sich sehr und bereitet auch alles immer für mich für den Dienst vor.

Natürlich war es den Kollegen schon aufgefallen, Theo brachte immer fertig belegte Brote zum 24 Stunden Dienst mit. Stolz erzählte er, das macht mir alles meine Frau. Aber die Kollegen bewerteten so viel „Mutterliebe" misstrauisch, sie fanden es nicht so gut und schmiedeten schon einen bösartigen Hinterhalt. Sie hatten ja beobachtet das Theo meistens die liebevolle, große Portion an Brot nicht schaffte, es war immer viel zu viel. Und so nahm Theo halt am nächsten Morgen zum Dienstschluss das Restbrot wieder mit nach Haus. Ungefragt und stolz erklärte er: Das Hasenbrot bekommt meine Frau, sie nimmt es mit zur Arbeit, sie ist doch Arzthelferin. Ihr werdet es nicht glauben, aber sie wartet morgens schon auf das Brot. Still hörten die Kollegen schweigend zu und lachten immer wieder über Theos seltsame Geschichte. Sie konnten es nicht begreifen. Immer öfter tuschelten sie. Schließlich schmiedeten sie am Abend heimlich einen bösartigen Komplott. „Es ist halt unser Theo", dachten sie. Schnell entwickelte sich eine sehr unappetitliche Idee bei ihnen. Theos unschuldige Frau war als Opfer vorgesehen.

Heimlich, zu später Stunde, legte Absprache gerecht, ein Kollege ein Präservativ unbemerkt zwischen Theos liebevoll belegte Brotscheiben.

Nichts ahnend ging er am Morgen nach Dienstschluss nach Hause. Er beeilte sich um seiner Frau das Hasenbrot zu übergeben, sie wartet doch darauf. Bestens gelaunt ging sie damit zur Arbeit, in die Arztpraxis. Um 10.30 Uhr war, wie jeden Tag, Frühstückspause für sie angesagt. Theos Hasenbrot lag griffbereit, noch eingewickelt, auf dem Tisch. Sie schaute es gar nicht an, sie kannte es doch. Nein, sie biss sofort kräftig hinein. Der Schock traf sie aber ganz furchtbar, auf der Stelle.

So eine Bösartigkeit hatte sie eigentlich nicht verdient, erzählten sich zu späterer Zeit einsichtig Theos Kollegen. Es war wohl doch keine so gute Idee. Sie hatten ein schlechtes Gewissen.

Ein unverhoffter Hauptgewinn

Es ist wieder ein Sonnabend, ein Tag an dem der Feuerwehrbeamte Karl Risse immer in fiebrige Hoffnung verfällt. Früh morgens schon geht es los, dann gehen sie ihm nicht mehr aus dem Sinn, die Lottozahlen. Lotto gehört nämlich zu seiner großen Leidenschaft und jedes Wochenende hofft er auf den Hauptgewinn, auf den Sechser. Er kann dann an nichts anderes mehr denken, glaubt fest daran, dass er bald zu den Auserwählten, zu den Glücklichen gehören wird.

Ein langer Arbeitstag liegt heute aber wieder vor ihm. Vierundzwanzig Stunden Dienst, Bereitschafts-zeit im Wachgebäude der Feuerwache 2. So ein langer Tag am Wochenende, auf engstem Raum mit den Kollegen, ist oft nervtötend. Die an solchen Tagen schnell aufkommende Langeweile ist manchmal ein toller Nährboden für so manchen Schabernack.

Abwechslung bringt manchmal nur das Fernsehen oder auch ein wenig Sport an der Tischtennisplatte. Auch an diesem Sonnabend ist die grüne Platte wieder heiß umlagert. Karl ist mittendrin und kämpft um den Sieg eines kleinen, improvisierten Turniers. Unbemerkt vergingen dabei die Stunden. Plötzlich war es 20 Uhr geworden, der Beginn der Tagesschau. Diese Nachrichtensendung zieht Karl seit vielen Jahren magnetisch an. Nervös sitzt er dann immer vor dem

Fernsehgerät und verfolgt aufgeregt die Ziehung der Lottozahlen. Er glaubt ja fest an einen Hauptgewinn, da ist er sich absolut sicher. Heute aber steht er kämpfend an der Tischtennisplatte. Richtig konzentrieren kann er sich nun aber nicht mehr. Karl denkt fortan nur noch an die Lottozahlen.

Doch Karl gehört ja zu den pfiffigen Menschen und weiß sich immer zu helfen. Ich werde einfach den jungen Kollegen Nils bitten ob er sich für mich vor das Fernsehgerät setzt und mir so aus dieser schweren Notlage hilft. „Nils, kannst du nach oben an den Fernseher gehen und mir die Lottozahlen aufschreiben?" „Na klar, das ist überhaupt kein Problem", erklärt ihm sogleich der junge Kollege und macht sich sofort auf den Weg in den Tagesraum.

Auf dem Weg dorthin kommt man im oberen Flurbereich des Wachgebäudes auch an einem großen Einbauwandschrank vorbei. Jeder Kollege hat dort ein kleines unverschlossenes Fach für persönliche Dinge. Natürlich kennt Nils das kleine Fach von Karl auch. Es ist ja gleich neben der Tür zum großen Aufenthaltsraum. Oft hat Nils im Laufe des Jahres Karls Brieftasche mit dem Lottoschein in dem Fach schon liegen sehen. In Windeseile sucht er jetzt die Brieftasche, sucht den Glücksschein. Schnell sind die Zahlen abgelesen und auf den Rand der Tageszeitung geschrieben. Wie unberührt liegt der Lottoschein nun wieder an seinem angestammten Platz.

Eingeweiht in das heimliche Unternehmen sitzen

zwanzig Feuerwehrkollegen ruhig vor dem Fernseher und warten. Es ist schon 22 Uhr, die Sportschau läuft bereits, als Karl voller Hoffnung auf den Geldsegen den Raum betritt. Hast du mir die Lottozahlen aufgeschrieben, Nils? Na, klar Karl, sie stehen auf der ersten Seite des Weser Kuriers. Er liegt dort auf dem letzten Tisch.

4 8 27 33 40 47 (10)

WESER

TAGESZEITUNG FÜR B.

SONNABEND, 28. SEPTEMBER 1985

Karl wirft nur einen kurzen Blick auf die Tageszeitung. Blitzschnell erkennt er die Zahlen auf der Zeitung. Unwillkürlich wurde sein Blick jetzt starr, eine Art Schockzustand erfasste ihn, immer wieder sieht er auf das Stück Papier, unfassbar, er konnte es nicht glauben.

Hektisch wandert sein Blick jetzt hin und her. Immer wieder vergleicht er sicherheitshalber die Zahlen auf seinem Lottoschein mit denen auf der Zeitung. Dann ist er sich sicher, diesmal habe ich den Sechser. Eigentlich braucht er ja nicht zu überlegen, weil er doch jede Woche die selben Zahlen benutzt. Karl schwelgt im Geheimen schon im großen Reichtum, sieht wie im Traum die Erfüllung seiner Wünsche. Sein immer freundliches Gesicht glüht förmlich.

Plötzlich springt er mit einem Satz, den man ihm eigentlich nicht zutraute, von seinem Stuhl auf und in überschwänglichem Ton ruft er seinen Kollegen zu: „Ihr könnt alle zur Kantine gehen und euch auf meine Kosten zu trinken holen, was und soviel ihr wollt". Dann verlässt er langsam den großen Raum. Nur kurz dreht er sich noch einmal zu seinem Chef, dem Wachabteilungsleiter um und sagt schon im Hinausgehen: „Nur zu deiner Kenntnis, ich gehe gleich nach Hause, ich muss nämlich noch meinen Koffer packen für die Weltreise".

Unruhig geht er in das Dienstzimmer nebenan. Fest schließt er die Tür hinter sich. Er möchte ungestört, er möchte allein sein. Hier steht nämlich ein schwarzes Diensttelefon mit „Amtsanschluss". Zittrig sind seine Hände als er die Wählscheibe dreht. Er kann es kaum erwarten um mit seiner Frau zu sprechen. „Mensch, Christel, hast du die Lottozahlen schon gesehen"? „Ja, und wo ist die Aufregung", ruhig antwortet Christel. „Hast du denn nicht gesehen, dass wir diesmal 6 Richtige haben", überschwänglich sind seine Worte. Nein, antwortet Christel vorsichtig, das habe ich nicht gesehen. Ich habe nur gesehen, dass eine Zahl richtig ist. Großes Schweigen setzt spontan bei Karl ein. Er ist entsetzt, er kann es nicht glauben. Mit wenigen Worten, verabschiedet er sich leise von seiner Frau.

Ganz still sitzt er noch minutenlang vor dem schwarzen Telefon, er grübelt. Was haben die mit dir gemacht, wie ist das denn nur möglich. Langsam, aber immer deutlicher dämmert es. Dann plötzlich kam ihm die Erleuchtung, der Ablauf der Geschichte wird ihm klar. Es kann nur so gewesen sein.

Erhobenen Hauptes, seine innere Regung nicht zeigend, betritt Karl wieder den Tagesraum. Ruhig setzt er sich zu den Kollegen an den großen Tisch, sagt aber kein Wort. Eine seltsame Atmosphäre herrscht. Man spürt die Verunsicherung im Raum. Schuld voll schauen die Kollegen auf ihn, sie warten auf seine Reaktion. Diese Situation ist ihnen durchaus unangenehm, sie haben ein schlechtes Gewissen. Doch plötzlich, ohne ein vorheriges Zeichen, löst sich die Stille.Der Lottogewinn, der unverhoffte Reichtum, endet schließlich in einem riesigen Gelächter.

Eine Kohlfahrt -
oder Hermanns herzliche Bitte

Es ist in den Wintermonaten schon Tradition bei den Kollegen der Feuerwache 2. Dann unter-nehmen sie gemeinsam eine Kohlfahrt. Schon viele Wochen vorher freuen sie sich auf diesen Tag. Obwohl der Ablauf eigentlich jedes Jahr gleich ist, machen sie diese Tour trotzdem zu gern. Sie haben ja auch keine Arbeit damit, brauchen sich keine Gedanken zu machen. Sie wissen doch das Hermann, wie jedes Jahr, auch in diesem die Kohlfahrt wieder gut organisiert. Er redet nicht darüber und hält wie jedes Jahr das Ziel auch streng geheim.

Obwohl die umfangreichen Arbeiten und Über-legungen für so ein Unternehmen innerhalb der Kollegenschaft durchaus aufgeteilt werden könnte, übernimmt Hermann immer freiwillig diese planerischen Aufgaben. Er macht es einfach gern und die Kollegen wissen seit langer Zeit, dass dann alles perfekt organisiert ist. Jeder soll doch diesen Tag genießen, soll seinen Spaß haben. So sind Hermanns Gedanken und Worte.

Um sich von seiner, täglich immer mehr belastenden inneren Unruhe zu befreien, hat er deshalb schon im August diesen besonderen Termin im Borgfelder Landhaus angemeldet und gebucht.

Das Jahr geht nun langsam zu Ende und der Kohl-

Termin rückt immer näher. Hermann leidet jetzt. Er wird immer nervöser. In jeder freien Minute geht ihm der Ablauf dieses Tages durch den Kopf. Immer wieder spielt er gedanklich alles durch, es soll doch nichts schiefgehen. Beinahe täglich kümmert er sich nun um das Schmücken und Beladen des kleinen, aus einem Kinderwagenuntergestell und einem Kastenaufsatz, selbstgebauten Bollerwagen. Schon vor ein paar Tagen hat er diesen, zusammen mit dem übergroßen Schaumstoffwürfel und dem Meterbrett, auf dem vier Schnapsgläsern angeklebt sind, aus dem Gartenschuppen in sein Haus geholt. Es sind ganz wichtige Utensilien für diesen Tag, die geprüft und gereinigt sein müssen, findet er. Natürlich hat er dabei alles auch auf akkurate Funktionalität und Festigkeit überprüft.

Es ist bitterkalt an diesem Tag im Januar 1987. Ein wenig Schnee ist über Nacht auch schon gefallen. Die Sonne, die ab und zu zu sehen ist, wärmt aber die muntere Gesellschaft kaum. Fröstelnd stehen sie am späten Nachmittag in Horn auf dem Parkplatz des Kaufhauses Lestra. Geduldig warten die Feuerwehrkollegen hier mit ihren Frauen auf die Linie 30 der BSAG.

Sie haben sich eng zusammengestellt und schützen sich so gegenseitig ein wenig vor dem doch scharfen Wind der aus östlicher Richtung über den freien Platz fegt. Der Atem der Gesellschaft bildet kleine Wolken in der klaren Luft. Eigentlich ist es das perfekte

Wetter für unser Unternehmen, stellen alle mehrmals einstimmig fest. Sie fühlen sich wohl.

Dem Parkplatz genau gegenüber schlug gerade in diesem Moment die Kirchturmuhr des Friedhofs die volle Stunde. Das war das Zeichen für die Kohlfahrer sich auf den Weg zur Bushaltestelle an der Horner Heerstraße zu begeben. Sie wussten, dass sie nun nur noch eine kurze Zeit auf die Linie 30 warten müssen.

Haltestelle der Linie 30 Borgfeld Mitte

Zusammen mit ihren Frauen fahren die Feuer- wehrkollegen also nun nach Borgfeld-Mitte.

„Oh wie gut dass niemand weiß wo wir hingehen und wie das heutige Lokal dort heißt, versucht Hermann schmunzelnd während der Busfahrt zu reimen und dadurch die Spannung ein wenig zu erhöhen. Das Ziel des heutigen Tages ist ja streng geheim.

Obwohl der Ablauf so einer Veranstaltung beinahe immer gleich abläuft herrscht eine riesige Spannung unter den Kohlfahrern. Traditionell geht so einem winterlichen Grünkohl-Vergnügen natürlich eine zünftige Wanderung voraus. Und zur Gesunderhaltung wird an jeder Wegeskreuzung ein Schluck zum auf- wärmen getrunken. Dass das Getränk unbedingt aus Hochprozentigem bestehen muss, versteht sich von selbst – schließlich ist es kalt und man muss den Magen jetzt schon auf die nachfolgende schwerge- wichtige Mahlzeit vorbereiten. An diese Regel halten sich natürlich auch gewissenhaft die Bremer Beamten.

Griffbereit stehen die Schnapsflaschen in dem mit bunten Luftballons geschmückten Wagen. Standsicher sind die hochprozentigen Getränke dort platziert. „Apfelkorn, Roter und Mackenstedter" sind diesmal ihm Angebot. Freundlich aber bestimmend fragt Hermann jeden seiner Kollegen nach seinem speziellen Getränkewunsch. Ein „Nein" lässt er an diesem Tag allerdings nicht zu.

Gutgelaunt und lustig geht es während der Wanderung zu. Der übergroße Schaumstoffwürfel ist natürlich sofort im Einsatz. Schadenfrohes Gelächter herrscht jedes mal wenn die „Sechs" nach dem Stillstand oben erscheint und der Würfler nun den Weg an das Brett antreten muss. Er hat das große Glück einen Schnaps gesponsert zu bekommen. Auf dem wohl nur einen Kilometer langen Fußmarsch zum Borgfelder Landhaus ist jeder Teilnehmer verpflichtet eifrig zu würfeln.

Wirklich witzig sieht es aus, obwohl es doch eigentlich eine großartige Leistung ist wenn die vier Gewinner gleichzeitig aus den Schnapsgläsern, die auf dem etwa 1m langen Brett befestigt sind, trinken müssen.

Hermann, als Führer des Bollerwagens, ist natürlich

auch für das Einschenken der Getränke zuständig. Aus diesem Grund legt er die Schnapsflasche auch nicht mehr aus der Hand, es lohnt sich nicht, findet er. An diesem kalten Januartag ist die Nachfrage nach dem alkoholischen Warmmacher ganz besonders groß. Hermann findet dass er eine besonders große Verantwortung für das Transportierte hat und versucht sich deshalb unauffällig etwas im Hintergrund und vom Würfel fern zu halten.

Was wäre das für eine Katastrophe wenn der Wagen umkippen würde, denkt er. Aber, es nützt ihm nichts, er muss natürlich auch würfeln. Seine Kollegen vergessen ihn nicht. Sie achten peinlich genau auf die Reihenfolge. Alles muss seine Richtigkeit haben, sagen sie.

Tragisch ist, dass das Schicksal es immer zu gut mit Hermann an diesem Tag meint. Er konnte das eckige Schaumstoffteil werfen wie er wollte, mal hart mal weich, mal kurz mal weit, immer lachte ihn die Sechs an. So stand er immer tapfer in der Vierer-reihe am Brett. Nein, er konnte sich nicht wehren, er war verurteilt zu trinken. Dieser Fußmarsch mit den ungezählten Sechsen zeigte bei Hermann deshalb schon bald deutliche Wirkung.

Ihm sei schon ganz schummrig vom vielen Würfeln, erklärte er immer wieder. Schließlich haben sie ihr Tagesziel, das Borgfelder Landhaus, erreicht und die reservierten Plätze eingenommen.

Ganz überraschend für die muntere Gesellschaft,
stand Hermann plötzlich von seinem Platz auf und
bat um etwas Gehör. Ein wenig unruhig und instabil
in seinen Bewegungen stand er nun vor seinen
Kollegen und deren Frauen. Er müsse unbedingt vor
dem großen Essen und der anschließenden Feier eine
kleine Rede halten und dabei eine wichtige Erklärung
abgeben und dabei eine herzliche Bitte äußern. Tief
durchatmend sah er in die Runde. Schaute jeden
prüfend genau an. Ein verheißungsvolles Feuer blitzte
in seinen Augen. Alle Augen richteten sich natürlich
jetzt auf ihn. Gespannt lauschte die Festgesellschaft
auf das was nun wohl kommen möge.
Schmunzelnd begann Hermann schließlich ganz vorsichtig mit den Worten: „Liebe Kollegen, da ich durch

die vielen gewürfelten Sechsen inzwischen sehr kurz von Gedanken geworden bin, und ich mir deshalb große Sorgen mache, habe ich die herzliche Bitte an euch, mich heute Abend vor dem Nachhause gehen daran zu erinnern, dass ich meine Frau hier nicht vergesse.

Fassadenkletterer

An einem Montag, morgens in aller Frühe, gehen bei der Feuerwehr mehrere dramatische Notrufe ein. Aufgeregte Bürger melden sorgenvoll, dass gerade zwei Männer dabei sind den Turm der Markt Kirche in der Innenstadt zu erklettern und sich schon im Bereich der Turmspitze befinden und in großer Gefahr sind.

Sofort läuft der Rettungsapparat der Feuerwehr auf Hochtouren an. Der Löschzug und die Höhenrettungsgruppe, sowie Rettungs- und Notarztwagen werden mit dem Einsatzhinweis alarmiert das sich zwei Fassadenkletterer am Turm der großen Markt Kirche in der Innenstadt befinden und abzustürzen drohen. Aufregung herrscht bei den Einsatzkräften, denn so einen Einsatz als Ernstfall haben sie alle noch nicht erlebt. Immer haben sie so etwas nur am Schlauchturm geübt.

Die Fahrzeuge fahren schnell, natürlich mit Alarm aber ohne eingeschaltetes Martinshorn. Das ist ganz wichtig um die unbekannten Kletterer nicht zu erschrecken und eventuell zu einer unbe-dachten Handlung zu zwingen. Sie könnten in Panik geraten und abstürzen. Nur das Blaulicht spiegelt sich anfangs noch gespenstisch grell in den Fensterscheiben der Häuser an der Straße.

Kurz vor dem Eintreffen ist auch das Blaulicht

natürlich bereits schon abgeschaltet. Jetzt können die Einsatzkräfte die Kletterer ganz oben am Turm schon erkennen. Extreme Aufregung herrscht bei den Spezialisten der Höhenrettung. Schon während der Anfahrt haben sie sich ausgerüstet. Bisher haben sie so einen Ernstfall nur geübt, als Einsatz haben sie es noch nie erlebt. Ruhig sitzen sie im Wagen, warten und gehen in Gedanken den Ablauf des gleich Kommenden durch. Jeder der Beamten mit Höhenrettungsausbildung kennt natürlich seine Aufgabe.

Der Einsatzleiter beginnt sofort mit seinen An-weisungen. Die DLK, die Drehleiter, steht schon in Bereitstellung.

Um sich einen genauen Überblick zu verschaffen ist der Einsatzleiter inzwischen schon zum Kirchturm gelaufen. Ganz still steht er, sucht am Turm nach den Kletterern und übelegt sich die richtigen Rettungsmöglichkeiten. So einen Einsatz hat auch er noch nicht erlebt. Langsam geht er um den Turm herum und jetzt sieht er überraschend auf der Rückseite des Turmes das Gerüst. Er ist beruhigt. Deutlich konnte er jetzt die Fassadenkletterer hoch oben, beinahe an der Spitze, erkennen. Ruhig beobachtet er sie minutenlang bei ihrer Tätigkeit. Dann geht er ruhigen Schrittes zu seinen aufgeregt wartenden Kollegen, zum Fahrzeug, zurück. Komplett ausgerüstet und ruhig sitzen die Höhenretter auf dem Fahrzeug. Sie warten auf eine genaue

Anweisung ihres Fahrzeugführers. In diesem Moment öffnet er die Fahrzeugtür. Es ist alles in Ordnung Kollegen, sagt er zu ihnen. Es besteht keine Gefahr für die Männer dort oben am Turm. Wir können den Einsatz abbrechen und wieder einrücken. Ruhig erzählt er ihnen die aktuelle Situation. Also Kollegen, die Kletterer dort oben am Turm sind keine Abenteurer. Es sind Handwerker und sie sind gut gegen einen Absturz gesichert.

Langsam nimmt er den Hörer des Funkgerätes von der Gabel, drückt die Ruftaste und meldet sich bei der Einsatzleitzentrale. Für uns ist hier kein Einsatz nötig, es ist alles in Ordnung. Die Fassadenkletterer sind keine Abenteurer, es sind nur Dachdecker die dort am Turmdach Reparaturarbeiten durchführen. Für die beiden Männer bestehe keine Gefahr, sie sind perfekt gegen einen Absturz vorschriftsmäßig angeseilt und gesichert und die Rückseite des Turmes ist auch eingerüstet. Für uns ist nichts zu tun, wir können wieder einrücken. Großes Aufatmen herrscht spürbar bei den Höhenrettern.

August, oder tolle Herbstrabatte

Toni ist gerade zum Dienst erschienen und steht noch zum Umkleiden an seinem Spind als er über die Rundsprechanlage die Durchsage hört, dass heute zu Dienstbeginn nicht wie üblich in der Wagenhalle angetreten wird sondern dass sich alle im Tagesraum treffen sollen. Karl, der Meister vom Dienst, hat diese Durchsage getätigt. Ruhig warten die Beamten als wenig später Karl in den großen Tagesraum kommt. Sie sind verunsichert denn sie können sich diese Aktion nicht erklären. Überrascht sehen sie das Karl nicht allein kommt. Ein offensichtlich neuer Kollege läuft hinter Karl. Ein wenig schüchtern sieht er aus, finden einige.

„Guten Morgen, Kollegen, ich möchte euch Joachim vorstellen", sagte Karl. „Er kommt direkt vom Grundausbildungslehrgang und gehört ab heute zu unserer Wachbesatzung".

Immer wieder schaut Toni überrascht Joachim an, er traut seinen Augen nicht, das kann doch nicht wahr sein, aber doch er ist es wirklich, es ist August. Nach beinahe 15 Jahren, in denen er nichts von ihm gehört hatte, sieht er ihn hier plötzlich wieder. „Mensch August, das ist ja eine Überraschung, schön dass ich dich hier wiedertreffe rief er ihm spontan zu. Natürlich bemerkt Toni sofort die verständnislosen, fragenden Blicke seiner Kollegen. Wieso August.

Nun Kollegen, ich kann es euch schnell erklären erzählt Toni in dem Moment als Karl und August den Tagesraum wieder verlassen hatten. Also ich kenne August schon seit der 1. Klasse in der Grundschule. Wir waren damals echte Freunde. Leider haben wir uns nach der Schulzeit aus den Augen verloren. Jetzt, nach wohl 15 Jahren, treffe ich ihn hier überraschend als Kollege bei der Berufsfeuerwehr Bremen wieder.

Ja, Kollegen, ihr staunt sicherlich darüber, dass ich Joachim nur August nenne und sieht in die Augen der verständnislos schauenden Feuerwehrleute. Ich kann es euch schnell erzählen. Den Namen August erhielt Joachim nämlich damals von unserer Lehrerin.

Er saß zu dieser Zeit neben mir auf der Schulbank und war ein richtiger Hippelmors. Er konnte überhaupt nicht still sitzen, erzählt Toni den gespannt zuhörenden Kollegen. Ich kann mich noch gut an diese Zeit erinnern. Pausenlos fiel er auch durch seine Grimassen und Albernheiten auf. Natürlich lachte die gesamte Klasse immer über ihn. Er war halt unser Clown. Du bist ja ein richtiger lustiger August, hatte damals oft unsere Lehrerin, Frau Teschner, zu ihm gesagt. Seit dieser Zeit hatte Joachim halt einen neuen Namen und August passte wirklich viel besser zu ihm.

Nun hat der junge Kollege seinen wirklichen Namen auch hier bei der Berufswehr schnell verloren. Ab diesem Moment heißt er auch hier nur noch August. August ist ein großer Sportler und der beste Tischtennisspieler bei der Feuerwehr. Er besitzt die ganz besonderen Fähigkeiten den kleinen Zelluloidball mit viel Schnitt und hoher Geschwindigkeit, für jeden Gegenspieler fast unerreichbar, über die grüne Platte zu schlagen. Alle Kollegen bewundern ihn wegen seines außergewöhnlichen sportlichen Könnens.

Jetzt beginnt unsere Freundschaft wieder von vorn. Manchmal treffen August und ich uns auch am freien Tag. Heute ist so einer. Wir sind mit der Bahn in die Innenstadt gefahren. August wollte in die Sportabteilung von Karstadt gehen. Er benötige dringend einen neuen Tischtennisschläger, hat er mir erzählt.

Das passt gut, denn ich hatte von den großen Herbstrabatten noch auf der Wache im Weser-Kurier gelesen. Es sei eine riesig große Aktion, stand in der

Zeitung. Ich habe sofort mit August darüber gesprochen. Diese Möglichkeit sollten wir nutzen. Es ist bestimmt eine super Gelegenheit preisgünstig neue Sportbekleidung zu erwerben. Es waren wirklich tolle Angebote. Sie waren nicht zu übersehen. Herbstrabatte mit 10 oder 20% Ermäßigung. Einmal sah ich sogar ein Superangebot mit 50 % Preisnachlass. Es war ein Schild am Verkaufstisch, mit riesigen roten Buchstaben. Nur dieser Supernachlass war offensichtlich personenbezogen, denn für mich, dachte Toni, ist leider kein großer Rabatt dabei. Er ist speziell nur für August, meinen Freund, stellte ich enttäuscht fest.

Eindeutig stand nämlich auf dem Plakat mit dicker Schrift geschrieben: „Heute hier 50% Ermäßigung, aber nur für August".

Wir sollten ihn schütteln

Werner, Helmuth und Dieter machen schon viele Jahre gemeinsam Dienst auf der Feuerwache im Bremer Süden. Sie sind ein eingespieltes Team und verstehen sich wirklich gut. Selbst in der Nacht benutzen sie seit Jahren den selben Raum. Nun ist aber etwas Unruhe in ihr Feuerwehrleben getreten. Schuld daran ist Uli, der neue junge Kollege. Eigentlich ist Uli, der mal Schornsteinfeger war, ein prima Kerl, sagen die drei Alten. Schade nur dass er so extrem ruhig ist und kaum spricht, manchmal bemerkt man ihn überhaupt nicht. Auch wirkt er immer schläfrig. Oft muss man ihn regelrecht suchen und aufwecken. Man könnte glauben, dass er gar nicht im Dienst sei. Wie wäre es doch schön, finden sie, wenn er auch an den Aktivitäten auf der Wache teilnehmen würde, wie zum Beispiel Karten spielen oder ein wenig Sport auf dem Hof treiben. Aber immer sitzt er wortlos in irgendeiner Ecke ganz still, geistesabwesend. Einmal gingen die Kollegen sogar am frühen Abend auf die Suche nach ihm und wo fanden sie ihn, schlafend in seinem Bett.

Das kann doch so nicht weiter gehen, berieten die drei. Wir müssen ihn zum Leben erwecken, schütteln. Einen Wachmacher, sagte eines Tages Werner zu seinen Zimmergenossen, sollten wir einsetzen. Nur wie fangen wir es an.

Dieter kommt auf die geniale Idee. Wisst ihr was, sagte er zu seinen Kollegen, im Keller des Wachgebäudes habe ich neulich einen alten Kurbelinduktor stehen gesehen. Mit diesem Gerät kann man

Gleichstrom erzeugen, so wie zum Beispiel an einem Weidezaun. Vielleicht können wir ihn ein wenig mit Strom kitzeln und dadurch wieder zum Leben erwecken. Dieter ist von seiner Idee begeistert. Wir sollten sein Bett präparieren und ihm dadurch kleine ungefährliche Elektroschocks verabreichen. Überrascht hören Werner und Helmuth ihm zu, können aber mit diesem Gerät überhaupt nichts anfangen. Es ist sicherlich ein Überbleibsel aus den Kriegstagen, vermutet Dieter. Vielleicht aus der Zeit als man noch Feldtelefone für den Wachdienst nutzte.
Als ich das Gerät das erste mal sah ist es mir spontan

durch den Kopf gegangen, dass das eine geniale Möglichkeit ist den Kollegen Uli wachzurütteln. Weil er doch immer so früh ins Bett geht müssen wir ihn halt mit Strom ein wenig kitzeln und dadurch wieder aufwecken.

Werner und Helmuth waren von der Idee verblüfft aber sofort begeistert. Schon am nächsten Tag des Dienstes, es war ein Sonntag, brachte Helmuth für die geplante Aktion 15 m Kupferkabel von zu Haus mit. Am frühen Nachmittag begannen sie ihren Plan auszuführen. Einer stand Schmiere und die beiden anderen arbeiteten an Ulis Bett. Schnell verlegten sie auf der Matratze in mehreren Bögen den Kupferdraht. Anschließend rasch das Bettlaken wieder ordnungsgemäß geglättet und das Kabel vom Bett zum Induktor gelegt. Dieser stand unsichtbar im Flur hinter einem kleinen Mauervorsprung. Ruhig lauerte dort Dieter und wartete auf seinen Einsatz. Den Griff der Kurbel schon fest in der Hand haltend. Helmuth und Werner lagen zur Tarnung bereits in ihrem Bett. Sie wussten ja dass Uli bald kommen wird um sich wie immer früh ins Bett zu legen.

Dieter wartet ruhig auf ein Zeichen von Helmuth. Der wollte, sobald Uli in seinem Bett lag, kurz herauskommen. Dann war es soweit. Dieter fing wie wild zu drehen an und nur Sekunden später hörte er den fürchterlichen Schrei von Uli. Er war vor Schreck aus dem Bett gefallen.

Bedenkliche Sehschwäche

Schon seit langer Zeit haben die beiden Feuerwehrbeamten die Idee mit einigen Kollegen eine längere Radtour zu unternehmen. Heinz und Detlef sind nämlich leidenschaftliche Radfahrer und haben mit ihren Rädern sogar schon die Alpen überquert. Jedes Jahr im Frühling planen sie mit Begeisterung eine Radtour. Zu gern würden sie auch mal mit den Kollegen fahren aber leider ist es noch nie dazu gekommen. Doch dieses Jahr im Mai, soll es nun klappen. Alles ist bereits abgesprochen und geplant. Sie wollen nach Dangast, an den Jadebusen.

Früh am Morgen treffen sich die Kollegen mit ihren Fahrrädern am Bremer Hauptbahnhof. Es ist abgesprochen und sinnvoll einen Teil der Strecke mit der Bahn zu fahren.

Einige der mitfahrenden Kollegen sind ja nicht so Rad geübt und auch nicht mehr die Jüngsten. Für sie soll die Tour dadurch ein wenig vereinfacht werden. Die Organisatoren sind der Meinung dass der Weg bis zum Jadebusen als Tagestour vielleicht doch zu weit für sie ist. Wir werden einen Teil der Strecke deshalb mit der Bahn fahren. Die restlichen Kilometer bis Dangast führen dann gemütlich am Jadebusen entlang, planen die beiden. Sie wollen Rücksicht auf die Älteren nehmen denn einige der Kollegen bereiten sich bestimmt gedanklich schon auf ihre Pension vor, glauben sie. Doch im Moment sieht es noch ganz gut aus. Sie sind alle noch fit und schaffen bestimmt die Restkilometer ohne Probleme.

Aber wenn man sie in Ruhe beobachtet kann man erkennen dass einige schon mit ihren schmerzenden Gliedern kämpfen und auch krampfhaft versuchen der schon langsam eintretenden Gelenkversteifung ein Schnippchen zu schlagen. Sie haben sich deshalb bereits neue Fahrräder gekauft, Damenräder fürs einfache und sichere Auf- und Absteigen und als Unterstützung meistens schon mit E-Motor.

Sie haben wieder Glück an diesem Tag und können das wunderbare Wetter hier im Norden genießen. Sonnenschein und klare Sicht herrscht und es macht riesig Spaß mit dem Rad zu fahren. Immer wieder bleiben sie auch mal stehen, rasten und genießen die wunderbare Natur und das mitgebrachte Bremer Bier. Natürlich geben sie es nicht zu, aber die kleinen Pausen sind für einige schon sehr erholsam, angenehm und wichtig,.

Gerade stehen sie wieder ruhig plaudernd auf dem Deich und schauen aufs Wasser des Jadebusen hinunter. Sie sind fasziniert von der beeindruckenden Landschaft und durch das tolle Wetter haben sie auch eine besonders klare Sicht auf den nahen Strand.

Wie immer schwatzen sie durcheinander. Belangloses meistens, als eine völlig überraschende ernsthafte Bemerkung von Peter das allgemeine Interesse weckte.

Freudig strahlend bemerkt dieser nämlich, obwohl durch seine enorme Körpergröße eigentlich mit bester Sicht ausgestattet, voll Bewunderung: "Oh, hier ist ja ein schöner Campingplatz, und direkt am Meer gelegen, das ist ja toll. Das gefällt mir sehr gut. Nur seltsam, dass die Zelte so klein sind".

Geschockt über seine Äußerung mussten die Kollegen feststellen, dass bei Peter zusätzlich zu seinen körperlichen nun auch ein bedenkliches Problem bei seinen Augen aufgetreten ist. Grenzenlose Verwunderung und Kopf schütteln herrscht bei den Kollegen. Lachen mochte aber keiner. Einfühlsam und durchaus mitfühlend fragt schließlich Heinz: "Aber Peter, wo ist denn hier ein Campingplatz und wo sind die vielen kleinen Zelte am Strand". "Ja, seht ihr es denn nicht, da direkt vor uns," antwortet er, offensichtlich ein wenig verärgert und zeigt mit ausgestrecktem Arm auf das was er vor sich sieht. Jetzt trat totale Stille bei den Kollegen ein. Ihre große Sorge um Peter dämpfte schlagartig das anfangs schon einsetzende Gelächter. Sie machten sich nun ernsthafte Gedanken. Denn sie sahen den Campingplatz mit den kleinen Zelten wirklich nicht. Sie sahen nur einen schönen Sandstrand mit vielen bunten Strandkörben.
Die Rückfahrt mit der Bahn war dann wieder ganz normal.

Wirklich Ehrensache

Die riesige Rauchsäule sahen die Einsatzkräfte des Löschzuges schon bei der Anfahrt. Sie ahnten Fürchterliches. Auch der enorme Feuerschein war am Himmel schon aus weiter Entfernung zu sehen.
Die Parzelle im Kleingartengebiet am Rande der Stadt brannte lichterloh. Es wurde eine lange, schwere arbeitsreiche Nacht bis zum Morgen für die Feuer-Wehrleute. Der junge Feuerwehrmann ist zum Schichtwechsel deshalb total erschöpft. Wie unglücklich geht ihm plötzlich durch den Kopf, dass ich zum Dienstschluss heute noch zum Bahnhof laufen muss. Mein Auto steht ja immer noch in der Werkstatt.
Jetzt muss ich halt mit der Straßenbahn nach Haus fahren. Ewig lang ist es ja noch nicht her dass ich mit einer Straßenbahn gefahren bin, denkt er. Gestern doch erst zum Dienst. Aber heute ist halt so ein besonderer Tag nach so einer schweren Nacht. Aber er bemerkt den Weg zum Bahnhof überhaupt nicht, läuft wie im Traum. Seine Müdigkeit dämmt alle Gefühle.
Endlich sitzt er dösend in der Linie 4 und denkt an nichts mehr. Ab und an fallen ihm die Augen zu. Er währt sich nicht dagegen, lässt es Widerstandslos zu. Aufregendes gibt es während so einer Straßen-bahnfahrt sowieso nicht zu erleben, denkt er.

Eigentlich ist doch eine Bahnfahrt immer ohne Unterhaltungswert findet er. Heute aber, an diesem Morgen sollte es überraschend anders sein. Ob sich die beiden Damen schon im Waggon befanden als er einstieg oder ob sie erst später zugestiegen sind als er für eine Weile eingenickt war, kann er gar nicht mehr sagen. Erst als er sie schließlich neben sich im Gang bemerkte, fielen sie ihm auf, allerdings negativ. Denn sie führten pausenlos intensive, sehr laute Gespräche. Anfangs ärgerte er sich sehr über die Damen die offensichtlich ohne Luft zu holen redeten. Sie störten ihn sehr. Sie nervten wirklich. Er hätte doch zu gern die 30 Minuten Bahnfahrt nutzen wollen um in dieser Zeit ein wenig zu schlafen. Doch die Damen verhinderten das.

Aber, fiel ihm später auf, eigentlich redete nur die eine Dame, die andere nickte immer nur zustimmend. Sie hörte aber aufmerksam zu und erkannte wohl auch, dass sich im Leben ihrer Gesprächspartnerin offenbar gerade dramatische Veränderungen vollziehen. Das konnte er deutlich hören. Immer wieder erklärte diese nämlich temperamentvoll ihrer Nachbarin, dass sie so ein Verhalten von ihm ab sofort nicht mehr hinnehmen werde, nennt dazu auch Namen und genaue Details.

Totale Stille herrscht inzwischen bereits in der Linie 4. Gespannt hören offensichtlich die morgendlichen Fahrgäste dem aufregenden Bericht der Dame zu. Auch der Feuerwehrmann ist neugierig geworden lauscht jetzt bewusst dem spannenden Bericht. Die Müdigkeit der anstrengenden Nacht ist dadurch schnell verschwunden.

Plötzlich tritt jedoch Ruhe im Waggon ein, nur das Quietschen der Bremsen ist zu hören, die Bahn hält. Die beiden Frauen stehen bereit zum Aussteigen, sie haben offenbar ihr Ziel erreicht und den Knopf zum Öffnen der Tür schon betätigt. Doch bevor sie an der Haltestelle aussteigen, dreht sich die Vielrednerin nochmal zu ihrer Begleiterin um und sagt beischwörend zu ihr: „Du, das was ich dir gerade unter vier Augen alles so erzählt habe bleibt aber bitte unter uns." „Natürlich, das ist doch Ehrensache, antwortete die andere, ich kann doch verstehen, dass das niemand erfahren soll".

Eigentlich, ging dem Feuerwehrmann spontan durch den Kopf, müssten doch jetzt alle Fahrgäste in diesem Abteil der jungen Frau im Chor zurufen: „Aber klar doch, das ist doch selbstverständlich, das ist doch wirklich Ehrensache, das bleibt alles unter uns!"

Was man alles so in einer Straßenbahn erleben kann, grübelt der Heimkehrer noch lange. So eine Fahrt war wirklich nicht schlecht. Es gibt wirklich Situationen mit einem hohen Unterhaltungswert, stellte er später beim Gespräch mit seiner Frau am Frühstückstisch lächelnd fest.

Herr Schmidt

Total außer Atem kommt der Landwirt auf seinen Hof zurück. Pustend steht er vor seiner Frau und ringt um Luft. Stelle dir das mal vor, sagt er aufgeregt zu ihr. Ich komme doch gerade aus dem Dorf zurück und habe auf dem Rückweg gedacht kannst ja mal bei Herrn Schmidt vorbei gehen. Mal sehen wie es ihm so geht. Aber er war nicht zu sehen, er war nicht da. Natürlich habe ich ihn überall gesucht aber nirgends gefunden. Wo mag er wohl sein. Hoffentlich ist ihm nichts passiert.
Sie haben sich nur kurz beraten. Gemeinsam machen sich die beiden sofort auf den Weg, um ihn zu suchen.

Schon aus einiger Entfernung, hören die beiden ein klagendes Wimmern. Das muss Herr Schmidt sein, da waren sie sich sicher. Das Wimmern wies den Beiden den Weg zu dem kleinen Teich. Starr vor Schrecken stehen sie am Rand des Gewässers. Erschrocken sahen sie Herrn Schmidt. Nur sein Kopf ragte noch aus dem Wasser. Wie konnte das passieren.

An diesem kleinen Teich bilden sich ja schnell morastige Randbereiche, die eine große glitschige Gefahrenquelle sind. Vielleicht hat Herr Schmidt einfach nur geträumt, ist ausgerutscht und ins Wasser gefallen. Bestimmt hat er im Morast strampelnd um sein Leben gekämpft. Aber immer wieder verlor er wohl an der glatten Böschung den Halt und rutschte so schließlich immer weiter in den morastigen

Tümpel. Nur sein Kopf ragt zum Glück noch aus der Entengrütze heraus. Gerade konnte er ihn, durch ein vor ihm schwimmendes Brett noch so über Wasser halten. Alle seine Versuche herauszukommen aber

misslangen wohl.

Als der Landwirt Herrn Schmidt in dieser misslichen Lage sah geriet auch er in Panik. Wie soll ich ihn nur aus dem Teich herausbekommen. Wie soll ich ihn retten. Aber er überlegte nicht lange, Landwirte sind ja von Natur aus pfiffig. Ich werde einfach die Kameraden von der Feuerwehr anrufen. Über Notruf erklärte er der Leitstelle den Einsatzort und dass Herr Schmidt in den Teich gefallen ist und das die Situation sehr dramatisch sei. Nur sein Kopf ist noch zu sehen, er droht gleich zu ertrinken. Herr Schmidt braucht sofort schnelle Hilfe.

Jetzt lief der Feuerwehrapparat auf Hochtouren. Die Einsatzkräfte der Freiwilligen Feuerwehr werden über ihre Pieper alarmiert und rücken sofort aus. Ein Mensch ist im Teich versunken es schaut nur noch der Kopf heraus, erklärt der Wehrführer seinen Kameraden. Er droht gleich zu ertrinken. Alarmfahrt ist erforderlich.

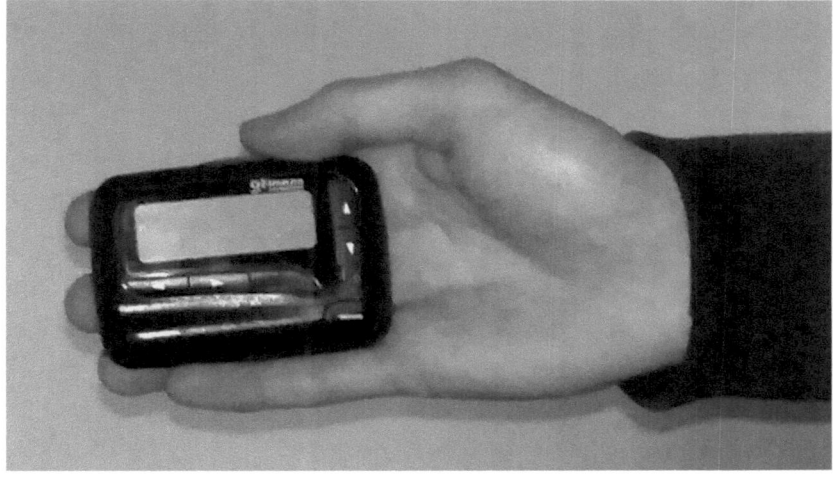

Der Anfahrtsweg war ja nur kurz, nur wenige Kilometer hatten sie zu fahren. Schon während der Anfahrt zum Einsatzort bekam der junge Feuerwehr-Mann Thore, der eigentlich noch Schüler ist, vom Wehrführer den Auftrag den Überlebensanzug an zu-ziehen. Thore kannte sich damit gut aus. Er hatte ja gerade erst vor ein paar Tagen in der Wümme damit geübt.

Thore, sagte der Wehrführer, gehe bitte ganz langsam und vorsichtig zu Herrn Schmidt in den Tümpel und rede ruhig mit ihm damit er keine Panik bekommt. Erzähle ihm etwas, egal was, du kannst ihm auch etwas über Werder erzählen, Hauptsache ruhig. Dann streifst du ihm vorsichtig die Bandschlinge über Kopf und Körper.

Überrascht standen die Kameraden der Feuerwehr am Rand des Teiches. Sie trauten ihren Augen nicht. Schnell aber hatten sie sich von der ersten Aufregung erholt, denn jetzt sahen sie nämlich dass Herr Schmidt ein Esel ist. Langsam und vorsichtig steigt nun der junge Feuerwehrmann, gut geschützt durch den wasserdichten Anzug der Nässe und Kälte abhält und auch wie eine Schwimmweste funktioniert, langsam in den Teich. Angebunden und gesichert durch eine Fangleine passen seine Kameraden gut auf ihn auf. Was soll ich nur mit dem Grauen zur Beruhigung reden grübelt Thore. Langsam nähert er sich dem vor Angst und Kälte zitternden alten Esel. Leise redet der junge Feuerwehrmann, versucht zu beruhigen. Schließlich streift er vorsichtig die spezielle Bandschlinge über den Kopf von Herrn Schmidt. Gut verknotet warf er das Seilende seinen Kameraden, die am Rand des Teiches standen, zu.

Mit vereinten Kräften, langsam und vorsichtig, ziehen nun sechs Feuerwehrleute den Esel ans Ufer. Bewegungslos und fürchterlich zitternd stand der Graue jämmerlich frierend am Rand des Tümpels.

Die Kameraden der Feuerwehr haben für die Menschenrettung immer eine Wolldecke an Bord. Nun profitiert auch der alte Graue davon. Schnell decken sie ihn damit ab und übergeben das Tier unverletzt dem Bauern.

Ich danke dir, sagte der Bauer noch zu Thore, dass du Herrn Schmidt gerettet hast. Das hast du ganz toll gemacht.

Die Rettung dauerte 30 Minuten!

Einfach verschwunden

Total aufgelöst klingelt die junge Frau am Morgen bei ihrer Nachbarin an der Haustür. Sie erhofft sich von ihr Hilfe und Unterstützung. Moin Mira, ich bin völlig fertig, ich kann nicht mehr, du musst mir helfen. Was ist denn los mit dir, Eva. Es ist etwas Furchtbares passiert, ich vermisse meine Morle schon seit zwei Tagen, hast du sie eventuell gesehen? Ich mache mir große Sorgen um sie. Sie ist einfach verschwunden. Aufgeregt redet sie auf ihre Nachbarin ein. Eigentlich stromert Morle doch den ganzen Vormittag nur im Garten herum, kommt aber immer rechtzeitig ins Haus zurück. Bisher brauchte ich mich nie um sie zu kümmern.

Nun hat es aber vor drei Tagen überraschend geschneit. Das ist bestimmt eine unbekannte Situation für sie. Hoffentlich ist sie nicht im Schnee erfroren. Wo mag sie nur sein. Ich habe den Schnee im Garten schon nach Trittspuren abgesucht aber nichts gefunden.

Auch an der Straße bin ich schon auf und ab gegangen. Ich hatte gehofft, dass sie vielleicht über den geräumten Weg dorthin gelaufen ist. Aber alles war vergebens, ich habe sie nicht gefunden. Morle bleibt verschwunden. Am Nachmittag klingelt Mira plötzlich bei ihrer Nachbarin an der Haustür. Strahlend steht sie davor. Eva ich habe eine tolle Nachricht und Überraschung für dich aber setze dich erst mal ruhig hin. Du glaubst es nicht aber ich habe gerade deine Katze gefunden. Wenn du bereit bist dann komm doch mal mit, ich zeige sie dir. Langsam gehen sie zur Straße. Vor einer alten Eiche die direkt vor dem Haus steht bleiben sie stehen. Plötzlich

streckt Mira unvermittelt ihren Arm in die Höhe und zeigt nach oben. Schau mal dort oben Eva, sagte sie nur kurz. Die junge Frau glaubt ihren Augen nicht zu trauen. In wohl 3 Meter Höhe sitzt ihre weiße Katze in einer schneebedeckten Astgabel. Durch ihr weißes Fell ist sie kaum zu erkennen. Nur die dunklen Augen leuchten aus dem Schnee.

Ihr jämmerliches Miauen berührt Eva jetzt sehr und bereitet ihr große Sorgen. Komm herunter Morle, ruft sie immer wieder hinauf, fordert sie auf ihren Sitz auf dem Baum zu verlassen. Aber die Katze reagiert nicht, sitzt ganz still und macht keine Anstalten herunter zu kommen.

Was soll ich denn jetzt bloß machen, Mira, Wie kann ich sie nur aus dieser Notlage befreien. Ihre Nachbarin weiß Rat. Wir beide, sagt sie, können gar nichts machen aber vielleicht solltest du die Feuerwehr um Hilfe bitten, die sind doch für solche Notfälle zuständig. Bei in Not geratenen Tieren helfen die doch immer. Die Feuerwehr gehört nämlich zu den Rettungsdiensten und hat für solche Einsätze Fahr- zeuge mit langen Leitern und die machen so etwas auch gern. Ja, das ist eine gute Idee, ich rufe sie jetzt über Notruf sofort an, sie überlegt nicht lange.

Der Beamte in der Einsatzleitzentrale hört sich die Sachlage an ehe er ruhig fragt: „Haben sie denn schon mal selbst versucht die Katze vom Baum zu holen?" Ja, ich habe sie immer gerufen, erklärt Eva, aber sie kommt nicht. **Mit Rufen allein werden sie keinen Erfolg haben, antwortet ihr nun der Beamte.**

Die erfolgversprechendste Methode ist, die Katze mit Futter zu locken, erklärt er ihr nun. Stellen sie doch einfach etwas Futter unter den Baum und warten dann geduldig. Aus Erfahrung wissen wir, dass Katzen wenn sie hungrig werden und das Futter sehen oftmals von selbst vom Baum herunter kommen. Dann ist der Wunsch nach Futter stärker als die Angst. Katzen kommen aufgrund ihrer Krallen zwar besser auf einen Baum herauf als herunter, doch in den meisten Fällen wagen sie den Abstieg ohne fremde Hilfe. Sie sollten in ihr Haus gehen, empfehle ich ihnen und die Katze in Ruhe lassen. Katzen sind nämlich wahre Kletterkünstler. Sind sie in einen Baum oder auf ein Hausdach geklettert, kommen sie in der Regel auch selbst wieder zurück. Schaffen sie es dabei nicht, sich umzudrehen, gehen Katzen oft sogar vorsichtig und langsam rückwärts.

Sie sollten die Ruhe bewahren, erklärt der Beamte ihr weiter. Ihre Katze wird schon wieder herunter kommen. Und denken sie daran, dass unser Einsatz kostenpflichtig ist wenn es sich um keinen lebensbedrohenden Notfall handelt. Und bei Katzen die unverletzt nur auf dem Baum sitzen ist es kein Notfall. Je nachdem, wie verzwickt die Lage ist, fallen die Kosten unterschiedlich aus, erklärt ihr der Beamte. So ein Einsatz mit einer Drehleiter zum Beispiel kostet sie 100 bis 300 Euro, denken sie daran. Aber Herr Feuerwehrmann, es ist ganz bestimmt ein Notfall, Morle bewegt sich nämlich überhaupt nicht mehr. Sie ist bestimmt dort oben am Schnee festgefroren, das ist ein Notfall, klagt Eva ängstlich dem Beamten. Bitte kommen sie und retten sie meine Katze.

Weil die Golffreunde schon warten

Jetzt im Rentenalter hat sich Herr Müller ganz dem Golf-Sport verschrieben. Er ist mit Begeisterung dabei und hat sich heute wieder mit seinen neuen Golf-freunden verabredet. Wunderbares Golfwetter herrscht an diesem Maitag. Sicher warten sie im Club schon auf mich, denkt er unruhig den ganzen Morgen. Schon vor dem Frühstück hat er deshalb sein neues 9-teiliges Golfschläger Set im Kofferraum seines Autos verstaut.

Abfahrbereit steht das Auto im Vorgarten, gleich vor dem Swimmingpool. Es sollte keine Zeit verloren gehen. Leider hat er sich an diesem Vormittag ein wenig verspätet und ist darum in besonders großer Eile. Nein, ich kann die neuen Freunde nicht warten lassen und außerdem möchte er bei ihnen als zuverlässig gelten. Unpünktlichkeit ist ihm nämlich ein Grauen. Schon zu seiner Berufszeit konnte er es nicht vertragen. Aber jetzt ist er startklar. Gemeisam geht er mit seiner Frau durch den Garten zu seinem Auto. Kurz nur hat er sich hier von ihr verabschiedet. Sekunden später sitzt er schon hinter dem Lenkrad. Frau Müller indes steht an der Gartenpforte und schaut nach links und rechts ob Fußweg und Straße frei sind. Jetzt gibt sie ihm das Handzeichen, dass alles frei ist und er starten könne.

Aufgeregt und hektisch lässt Herr Müler jetzt den Motor an und zieht den Hebel des Automatik-Getriebes in einem Ruck zurück. Kurz nur dreht er sich noch nach hinten um, schaut nochmal zu seiner Frau. Dann gibt er Gas. Er wollte keine Zeit verlieren. In der Aufregung und Eile hat er den Schalthebel aber für Vor- und Rückwärtsgang verwechselt. Sein Mercedes beschleunigt und mit einem Satz fährt er geradewegs in das Schwimmbecken.

Schwer geschockt, zu keinem Wort mehr fähig, steht Frau Müller bewegungslos an der Gartenpforte. Sie hat das Unfassbare atemlos beobachtet. Sie kann es nicht glauben, es nicht fassen was sie gerade gesehen hat. Riesige Angst um ihren Mann kommt sofort in ihr auf, sie weiß doch dass der Pool eine Wassertiefe von bald zwei Metern hat. Wie in Zeitlupe sieht sie das

Auto im Wasser versinken. Vor Fassungslosigkeit bringt sie kein Wort heraus. Sie rennt panisch zum Pool, sie will helfen. Aber schnell bemerkt sie, befreien kann ich meinen Mann nicht. Auch er kommt nicht allein aus dem Auto heraus, die Türen laßen sich durch den Wasserdruck von innen nicht mehr öffnen. Wirr redet er pausenlos, verstehen konnte sie ihn aber nicht. Ich werde die Feuerwehr rufen ging ihr spontan durch den Kopf, die werden bestimmt helfen und ihn hier rausholen. Zitternd vor Aufregung steht sie nun neben ihrem Mann am Pool als sie den Notruf 112 wählt. Bitte kommen sie schnell, mein Mann ist gerade mit seinem Auto in den Pool gefahren. Das Wasser steht ihm bis zum Hals, er wird wohl gleich ertrinken. Die Feuerwehr rückt sofort mit dem Kran, einem Löschfahrzeug und einem Rettungswagen aus.

Sofort lief die Besatzung des Rettungswagen zu dem inzwischen offensichtlich etwas verwirrten Fahrer. Bewegungslos durch die Schockstarre saß er auf dem Fahrersitz. Schnell erkannten die Sanitäter aber, dass im keine Gefahr droht. Sie erklärtem ihm dass er sich keine Sorgen machen solle, versuchten so ihn zu beruhigen und hatten Erfolg. Ganz ruhig saß Herr Müller inzwischen in seinem Auto.

Ein Kollege der Feuerwehr der auch als Taucher ausgebildet ist, ist inzwischen in den Pool gestiegen und hat die breiten Hebegurte vorn und hinten unter den Pkw angebracht.

Der Mercedes im Pool

Jetzt trat der Kran in Aktion. Ganz langsam hebt er
den Pkw mit samt Fahrer aus dem Pool. Ein wenig
verwirrt sah der Golffreund schon aus als er
schließlich aus dem inzwischen entwässerten Auto
stieg. Der Rettungsdienst kümmerte sich natürlich
sofort um den zitternden Mann. Der wollte sich bei
seinen Rettern noch bedanken aber es ging nicht.
Durch die Aufregung versagte ihm total die Stimme.
Eine weitere Versorgung des Golffreundes war aber
nicht nötig, er hatte keinen Schaden erlitten.. Doch die
genaue Höhe des Sachschadens an seinem Auto und
auch am Pool ist unklar.

Schuld war die Wespe

Bei einem Bauern am Stadtrand von Bremen hat es am helllichten Tag gebrannt. Eine riesige Rauchsäule zog über die Gebäude des Gehöftes.

Ein aufgeregter Nachbarn, der ganz in der Nähe lebt, meldet am Nachmittag um 15.30 Uhr über Notruf der Feuerwehr erschrocken, dass wohl die Scheune vom Bauern Ahrens brennen würde. Eine riesige Qualmwolke stehe über dem Anwesen. Das Feuer bedroht bestimmt wohl auch das angrenzende Stallgebäude und das Bauernhaus, es qualmt ganz fürchterlich. Kommen sie schnell.

Jetzt lief alles in Sekunden ab. Ein Löschzug und der Rettungsdienst wurden zu einem Brandeinsatz an die Bremer Straße geschickt. Es brennt auf dem Hof von Bauer Ahrens in voller Ausdehnung. Zwei Beamte rüsteten sich schon auf der Hinfahrt mit Atemschutzgeräten aus. Total überrascht standen die Brandkämpfer auf dem Hof vor der riesigen Rauchwolke. Der eigentliche Brandort war für sie nicht so schnell zu erkennen. Eigentlich müsste doch der Bauer Ahrens bei dieser Rauchentwicklung auf dem Hof sein und uns einweisen. Aber er war nirgens zu sehen. Er müsste doch das Feuer auch wahrgenommen haben, dachte sich der Einsatzleiter und zögerte nicht lange. Er gab den Befehl mit dem S-Rohr zu löschen. In seiner ersten Rückmeldung berichtet der Einsatzleiter von einer geringen Gefahr. Es brenne nur ein Komposthaufen neben dem Kuhstall aber mit einer riesigen Rauchentwicklung. Ein Trupp geht jetzt mit dem S-Rohr vor um den brennenden Komposthaufen zu löschen. Ein größerer Schaden kann so verhindert werden.

Der laute Schrei „Spinnt ihr" der aus der Rauchwolke kam lies die Beamten erschrocken sofort „Wasser halt" machen. Was ist hier jetzt los, dachte sich der Einsatzleiter. Eingehüllt von der großen Rauchwolke und nun vom Löschwasser der Beamten total durchnässt stand der Bauer plötzlich, mit einem Gartenschlauch in der Hand, vor seinem rauchenden Kompostkasten. Was wollt ihr denn hier rief er aufgeregt und verärgert, ich habe euch nicht um Hilfe gerufen, ich komme allein zurecht.

Der Bauer war für die Einsatzkräfte nicht zu erkennen gewesen als er von der Stallseite aus versucht hat selbst zu löschen. Die Beamten konnten ihn in der gewaltigen Rauchsäule nicht sehen.

Ausgelöst hatte das Feuer der Landwirt selbst. Er gab später bei der Befragung an, das er den Ziegenstall gereinigt und das alte Stroh auf den Komposthaufen geworfen habe. Dabei bin ich plötzlich von einer agressiven Wespe gestochen worden. Ich suchte sofort woher sie wohl gekommen ist und fand das Einflugloch zum Wespennest mitten im Komposthaufen. Jetzt wollte ich mich rächen und die ganze Brut vernichten. Ich wollte sie ausräuchern und habe dafür meinen Gasbrenner aus der Scheune geholt. Damit ging ich nun gegen die Wespen im Komposthaufen vor. Ich hatte mit meiner Aktion wirklich großen Erfolg erzählt der Bauer. Aber es brannte sofort lichterloh. Letztendlich stand der gesamte Komposthaufen in Flammen. Aber mit meinem Gartenschlauch aus dem Kuhstall habe ich, bis ihr mich nass gemacht habt, sofort **Löschversuche unternommen.**

Mitten im Rauchgas hatte der Bauer bei seinen Löschversuchen die ganze Zeit gestanden. Das ist ihm nicht so gut bekommen. Noch vor Ort musste er deshalb durch den Rettungsdienst versorgt werden. Er hatte durch das Einatmen der Brandgase Atemprobleme bekommen. Nach einer halben Stunde war der Einsatz beendet.

Fahrraddiebstahl

An diesem Samstagabend saß Karl Risse er-
wartungsvoll inmitten seiner Sportfreunde an dem
großen Holztisch im Vereinsheim. Hier hatte er noch
vor einer halben Stunde konzentriert mit seinen
Schachfreunden trainiert. Natürlich sind sie alle im
Vereinsheim geblieben und warten fiebrig auf das
Kommen ihres Vorstandes. Schnell haben sie aus
diesem Grund und für diesen besonderen Moment
Ordnung geschaffen und alle Schachfiguren und
Spielbretter abgebaut und verstaut.
Just in diesem Moment betreten der Spartenleiter und
der Vorsitzende der Werder-Schachabteilung den
Raum. Knisternde Ruhe herrscht unter den Männern.
Erwartungsvoll sind alle Blicke auf die Beiden ge-
richtet. Sie wissen doch das heute die Pokalauslosung
war. Aufgeregt warten sie auf die Bekanntgabe des
Pokalgegners.
  Sie freuen sich schon und möchten dieses große
Ereignis natürlich alle unbedingt miterleben, zu-
schauen, mitfiebern. Vielleicht sogar ein wenig mit-
denken, eigene Züge entwickeln. In diesem Moment
beginnt der Spartenleiter zu sprechen. Die Auslosung
ergab, dass wir zu Hause gegen Solingen spielen.
Mit dieser Bekanntgabe löste er an diesem Abend im
Jahre 1981 eine spontane, riesige Begeisterung im
Raum aus. Nun gibt es fortan nur noch ein

Gesprächsthema unter den Mitgliedern der Schachsparte, das Pokalspiel der Bundesligamannschaften
von Werder Bremen und des Schachclubs Solingen.
Obwohl sich die meisten von ihnen schon über viele
Jahre an diesem Tisch den Kopf zerbrechen, haben sie
so ein Event hier doch noch nicht erlebt. Vielleicht ist
es sogar ein Ereignis das für ihren Verein Werder und
auch für sie einmalig bleibt.
Auch Karl, der mit Begeisterung in der vierten
Mannschaft spielt, fiebert mit. Er freut sich riesig auf
diesen speziellen Sonnabend. In Gedanken plant er
schon den Ablauf des Abends, als sich plötzlich sein
Gesicht versteinert. Karl gehen in diesem Moment
furchtbare Gedanken durch den Kopf. Nervös sucht
er spontan in seiner Jacke nach einem kleinen bunten
Karton, seinen Dienstplan. Immer wieder starrt er nur
entsetzt auf diesen. Ja, er hatte es befürchtet, unfassbar. Seine anfängliche Freude wich purer Verzweiflung. Mit nur einem Blick hat er erkannt, dass
er an diesem großen Ereignis nicht teilhaben kann.
Karl ist nämlich Feuerwehrbeamter in Bremen und hat
an diesem Tag 24 Stunden Dienst.
Als er an diesem für ihn so wichtigen Sonnabend
1981, morgens um 6 Uhr von seiner Uhr geweckt
wurde war er spontan schlecht gelaunt und verzweifelt. Natürlich dachte er nur an das große Ereignis
und daran dass er sich gleich für 24 Stunden von
seiner Frau Christel im Niedersächsischen verab-
schieden muss um mit seinem Auto zum Dienst

nach Bremen zu fahren. Zur Zeit ist sein Arbeitsbereich in der kleinen Zentrale der Feuerwache 2 in der Bennigsenstrasse. Dort ist er im Moment als Urlaubsvertretung eingesetzt. Karl hat in den vergangenen Jahrzehnten schon viele verschiedene Aufgaben übernommen.

Ganz allein sitzt er in diesem Raum mit den großen Glasscheiben an einem kleinen Pult mit vielen kleinen Lämpchen und Schaltern. Seine verantwortungsvolle Aufgabe ist es hier zwei Telefone zu bewachen auf denen Privat- und Dienstgespräche auflaufen können.

Stets hellwach muss er als Zentrallist bei dieser Tätigkeit sein. Müdigkeit darf in den 24 Stunden überhaupt nicht aufkommen. Natürlich kennt der Dienstherr dieses Problem und hat sich darüber auch fürsorgliche Gedanken gemacht und eine Ruhemöglichkeit für den Beamten geschaffen.

In einer Nische, hinter einem olivgrünen Vorhang, steht deshalb ein Bett bereit für die Nachtstunden.

Oft schauen abends die Kollegen bei Karl noch vorbei und leisten ihm auf diese Art und Weise ein wenig Gesellschaft. Sie sind gern bei Karl, gehört er doch zu den ruhigen Zeitgenossen. Auch weiß er immer viel zu erzählen und manchmal stellt er auch ein Schachbrett auf den Tisch. Routiniert und blitzschnell stellt er die Figuren auf der gemusterten Unterlage zu recht und sucht sich als Spielpartner einen Kollegen. Natürlich gewinnt er immer, denn Karl ist ja in seiner Freizeit begeisterter Anhänger des Schachsports. Ich bin ja Mitglied der Schachsparte des SV Werder Bremen und spiele dort in der vierten Mannschaft, erzählt er erklärend wenn er wieder so schnell gewonnen hat. Mit großer Regelmäßigkeit und Elan nimmt er doch leidenschaftlich am Punktspielbetrieb teil.

Eigentlich ist Karl gern im Dienst aber heute, an diesem Sonnabend 1981, ist ihm die Fahrt zu seiner Arbeitsstelle wirklich schwer gefallen. Zu gern wäre er an diesem Tag zu Hause geblieben. Schon während der Fahrt hatte er ja immer nur den einen Gedanken, das heutige, Schach-Pokalspiel seines Vereins in der Werderhalle. Zu gern würde er doch als Zuschauer dabei sein. Was für eine furchtbare Situation, er empfindet sie als schweren Schicksalsschlag.

Natürlich hat er sich an diesem Tag mit seinen Kollegen immer wieder über dieses Ereignis unterhalten. Hat ihnen dabei auch sein Leid geklagt und hoffte so auf den Gedankenblitz, auf Hilfe. Sprich doch einfach mal mit dem Wachabteilungsleiter, unserem Chef, der lässt dich bestimmt gehen. Sicherlich gibt er dir so eine Art kurze Dienstbefreiung, rieten sie. Karl überlegte nicht lange. „Ich werde sofort zu ihm in sein Dienstzimmer gehen und mein Glück versuchen". „Jungs, atemlos kommt Karl zu seinen Kollegen zurück, ich habe großes Glück und bekomme für zwei bis drei Stunden frei und darf die Wache verlassen. Allerdings mit der Auflage mich zu beeilen, und die Achthundert Meter Wegstrecke aus

Sicherheitsgründen nicht mit dem Auto, sondern mit einem Fahrrad zu fahren". Nur, jetzt hat Karl ein weiteres Problem. Er hat nämlich kein Zweirad hier. Aufgeregt schaut er jeden Kollegen an, fragt nach einem Drahtesel.

Es ist der junge Feuerwehrmann Michael Springer, der sofort bereit ist sein ganz neues Rad Karl zu leihen. „Ich gebe dir zur Absicherung noch mein Zahlenringschloss mit. Und damit du die vier Pin Zahlen nicht vergisst habe ich sie dir hier auf einen Zettel geschrieben". Karl ist glücklich und macht sich sofort und gut gelaunt auf den Weg.

Werder-Halle in der Hemelinger Straße, 2012

Schnell hat er die Halle erreicht und sichert dort sorgfältig, wie abgesprochen, das geliehene Rad mit dem Zahlenschloss und verbindet den Rahmen auch noch an einen Laternenmast. Er ist sich sicher und beruhigt, jetzt kann mit dem guten Stück nichts passieren. Glücklich geht er den kurzen Weg zur Halle.

Beinahe gleichzeitig öffnet sich eine Wagenhallentür der Feuerwache 2 und ein Ford Transit, ein so genannter kleiner Gerätewagen, besetzt mit zwei Beamten, verlässt die Wache. Die beiden Kollegen, einer davon ist Michael, haben einen geheimnisvollen Sonderauftrag.

Es ging dann alles rasend schnell. Es dauerte nur Sekunden. Das Halten mit dem Gerätewagen vor der Sporthalle, und das blitzschnelle Ausführen des Auftrages. Schon saßen die beiden Beamten wieder in ihrem Dienstfahrzeug. Eine unheimliche Vorfreude erfasste die beiden bereits auf der Rückfahrt.

Spät war es an diesem Abend geworden. Voller Ungeduld warteten die Kollegen auf Karl. Endlich sahen sie ihn schon in der Ferne kommen. Zu Fuß allerdings, ganz langsam, mit hängenden Schultern. Wortlos betrat er die kleine Zentrale. Er war offensichtlich total durcheinander denn es fiel ihm überhaupt nicht auf, dass sich so ungewöhnlich viele Kollegen zu dieser späten Stunde noch im Raum befanden. Es war sicherlich die halbe Wachbesatzung die dort saß. Sie genossen offensichtlich seinen verzweifelten Gesichtsausdruck. „Warum bist du denn zu Fuß gekommen Karl und nicht mit dem Fahrrad gefahren", scheinheilig und hinterhältig waren ihre Fragen. „Ist das Rad eventuell defekt"? Karl war fix und fertig, hilflos suchte er nach den richtigen Worten und versuct den Verlust des Rades zu erklären.

Diese Situation war ihm unendlich peinlich. „Michael, spricht er den jungen Kollegen schließlich an, ich kann es nicht verstehen, es tut mir aufrichtig leid. Ich habe doch das Rad mit dem Schloss, so wie wir es abgesprochen haben, gut gesichert und sogar an den Laternenmast angeschlossen". „Ich bin ratlos, man hat es mir gestohlen". Freundlich und scheinheilig boten die Kollegen ihm ihre sofortige Hilfe an. Karl nahm das alles nicht mehr war. „Michael, ich werde dich, weil du ja kein Fahrrad mehr hast, morgen früh nach Dienstschluss mit meinem Auto nach Hause fahren, und dann werde ich sofort meine Versicherung benachrichtigen und zur Polizei gehen und den Diebstahl anzeigen".

Es war spät geworden an diesem Abend. Inzwischen hatten alle Kollegen die Zentrale wieder verlassen, sie wollten wie sie sagten, sich zur Ruhe begeben. Natürlich gingen sie nicht. Dicht gedrängt standen sie nur wenige Meter von Karl entfernt im Flur hinter einem Mauervorsprung und lauschten. Karl kämpfte immer noch mit seinen Nerven, er bekam gar nichts mit, er konnte sich die peinliche Angelegenheit nicht erklären. Schlafen konnte er natürlich noch nicht, aber er wollte sich zumindest hinlegen, ausruhen und in Ruhe überlegen.

Müde und schwer in Gedanken geht Karl zu der Nische in der das Bett steht. Gedankenlos greift er den olivgrünen Vorhang, ein Ruck nach links und - er steht vor dem gestohlenen Fahrrad. Unfähig anfangs einen klaren Gedanken zu fassen blickt er staunend auf das was vor ihm steht. Schlagartig löste sich seine Körperstarre und Karl entwickelt ein ungeahntes Temperament. Jetzt wollte er sich rächen und die Kollegen aus dem Schlaf holen.

Mit einem Satz stand er vor dem Pult, seinem Arbeitsplatz, und drückte sämtliche Knöpfe. Laut dröhnte der Alarmgong durch das Gebäude und das Alarmlicht erhellte die gesamte Feuerwache. Mit vor Aufregung überschnappender Stimme dröhnten nur zwei Worte über die Rundsprechanlage: "Ihr Schweinehunde."

© 2023, Wolfgang Marschall
Herstellung und Verlag:
BoD – Books on Demand, Norderstedt
ISBN: 9783748122005